KB236194

세계 유명 기업들의 경영혁신 사례 45

위기를 기회로 바꿔라

세계 유명 기업들의 경영혁신 사례 45

위기를 기회로 바꿔라

매경이코노미 글로벌비즈니스팀

매일경제신문사

우연히 만들어진 성공 신화는 없었다

머리말을 쓰려는 순간, 텔레비전을 통해 뉴스 속보가 하나 날아들었다. 미국이 이라크를 공습했다는 아나운서의 다급한 목소리였다. 저 멀리 중동에서 벌어진 일에, 당사자가 아닌데도 필자들은 눈을 떼지 못하고 있다. 일손도 놓아둔 채 말이다.

지구촌이란 이런 것이다. 전 세계에서 발생하는 그 어느 조그만 일 하나도 우리와 연계되지 않은 게 없다. 당장 전쟁으로 인해 기름값이 오르내리고 수출길이 막히지 않는가. 바로 요즘을 사는 우리 현대인의 모습이다.

경제계로 돌아와 보자. 한국 경제는 세계 속에서 움직인다. 기업 간 경계도 무너졌다. 우리 기업이 세계 속으로 진출하기도 하고, 역으로 세계적인 다국적 기업들이 한국에 들어와 경제를 좌지우지하기도 한다.

필자들이 조명하려는 업체는 휴렛패커드, GM, GE, 노키아 등 글로벌 기업이다. 이들은 세계 경제를 이끌어온 주체들이다. 인텔이나 퀄컴의 경우처럼 신경제의 혜택을 듬뿍 받은 기업도 있고, 네슬레나 리바이스처럼 우리 생활에 아주 밀접히 관련된 전통 기업도 있다.

이들 글로벌 기업들의 우여곡절은 소설보다 더 흥미롭다. 퀄컴이나 화이자의 경우 독특한 아이디어나 기술로 남들이 생각하지 못한 영역을 개척했으며, 질레트나 페덱스는 환골탈태 전략으로 옛 영광을 재현하고 있다.

하지만 이 흥미진진한 기업 이야기에서 꼭 짚고 넘어가야 할 것이 있다. 성공 신화는 결코 우연히 만들어진 게 아니라는 점이다. 특히 주목해야 할 점은 이들이 위기에 맞닥뜨렸을 때 어떻게 이를 극복하고 도약의 기회로 삼았느냐 하는 점이다. 한 걸음 더 나아가 경영 방식을 바꿔야 한다고 느꼈을 때 어떻게 능동적으로 대처해 왔느냐 하는 점이다.

전현직 기자인 필자들이 기업 취재를 나갈 때, 어느 기업 최고 경영자도 '위기 없이 순탄하게 걸어왔노라'고 큰소리치지 못했다. 필자들은 최고경영자들을 취재하면서 하나의 공통된 교훈을 얻었다.

변해야 할 때는 반드시 변해야 한다는 사실이다. 뜨거운 물에 빠진 개구리는 펄쩍 뛰어나오므로 살아남을 수 있다. 하지만 서서히 뜨거워지는 냄비 안에 갇힌 개구리는 변화를 주저하다가 결국은 죽음에 이르게 된다.

이 책에 담긴 기업 사례들은 필자들이 매경이코노미 글로벌 비즈니스팀으로 지난 2년 동안 근무하면서 써 왔던 기업 이야기를 새롭게 재구성한 것이다. 기업 경영 환경이 하루가 다르게 변하는 터라 45개 사례를 다루기가 쉽지 않았다.

이 글은 전문가를 위한 글은 아니다. 국제 경제에 관심 있는 사람이라면 누구나 편하게 읽을 수 있도록 구성했다. 경제 문외한들도 쉽게 읽을 수 읽다. 독자들은 이 책에 소개된 기업들을 하나하나 읽어가면서 '세계 경제가 이렇게 돌아가는구나', '국내 기업만 형편이 어려운 게 아니구나. 세계적인 기업들도 생존하기 위해 발버둥치는구나' 하고 무릎을 치게 될 것이다. 경제학원론이나 경영학개론서들보다 이 책이 경제에 대한 새로운 혜안과 관심을 불러일으킬 것이라고 필자들은 감히 확신한다.

어려운 이론적 애기를 담지도 않았다. 필자들도 해당 기업 전문가라기보다는 외부에서 본 '구경꾼'이었던 탓도 있겠다. 그보다는 경제를 어렵게만 생각하는 독자에게 재미있게 풀어 보고 싶은 욕구가 강했다고 변명하고 싶다.

책이란 혼자만의 노력으로 나오는 것이 아니다. 감사의 말을 전해드리고 싶은 분들이 많다. 바르게 생각하고 끊임없이 공부하라고 채찍을 가해 주신 임철 국장님, 필자들을 친동생 이상으로 사랑해주신 조영권 부장님께 감사드린다. 그리고 주간국 여러 선배님들께도 감사드린다.

이들의 격려와 채찍이 없었다면 이 책은 세상의 빛을 볼 수 없었을 것이다. 또한 편집 과정에서부터 필자들보다 더 많은 관심과 애정을 보여 준 출판국 관계자들께도 지면을 빌어 감사의 말을 대신한다.

2003년 3월
저자 일동

목 차

1 변화의 중심에 선 CEO

2 경영 혁신에 앞장선 기업

3 구조 조정으로 다시 태어난 기업

4 실패로 끝난 기업 개선

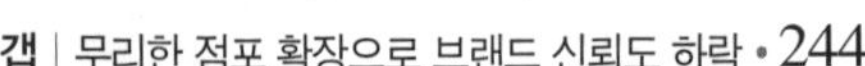

1부

변화의 중심에 선 CEO

신기술과 디자인으로 위기 타파

제너럴모터스(GM, General Motors)

1908년 윌리엄 듀랜트가 GM 모체인 뷰익을 미국 미시간 주 플린트에 세웠다. 2001년 기준으로 38만 6,000명 직원이 근무한다. 미국 시장 점유율은 28%, 전 세계 시장 점유율은 15%다. 자동차 판매 대수는 850만 대에 이른다. 총매출은 1,860억 달러(2002년 기준)로 세계 최고 수준이다. 전 세계 50개국에 생산, 디자인, 조립 기반을 갖추고 있고 세계 190개국에 진출했다. 비즈니스 과정의 통일성을 높이고 조직을 간소화하는 것, 북미 시장 외에서 경쟁력을 높이는 것을 경영 전략으로 삼고 있다.

GM대우자동차는 GM이 대우자동차를 인수하면서 2002년 10월 새롭게 출범한 법인이다 지분은 GM과 그 계열사가 67%(GM 42.1%, 스즈키 14.9%, SAIC 10%), 산업은행 등 채권단이 33%를 갖고 있다. 직원은 8,237명. 대표이사는 닉 라일리 사장이 맡고 있다.

제너럴모터스(GM)는 세계적인 명성에 비해 우리 나라에서는 잘 알려져 있지 않았다. 그나마 GM이라는 두 글자가 알려지게 된 계기는 2002년 대우자동차를 인수하면서부터라고 할 수 있겠다. 대우자동차 인수에는 GM의 세계 경영 전략이 깔려 있다. 대우자동차를 인수해 아시아권을 공략하겠다는 계산을 둔 것이다. 아시아태평양 시장은 자동차 업계들이 최후의 보루로 노리는 곳이다.

세계 자동차 시장에서 본다면 1908년 세워진 GM은 말 그대로 거물급이다. 100년 세월을 성장하며 세계 최대 자동차 시장인 미국에서 시장 점유율 50%라는 놀라운 성과를 올렸다. 이러한 기록은 1970년대 초반까지 계속됐다.

그러나 그 뒤 매년 추락을 거듭했고 지금은 28%대에 불과해 자존심이 구겨질 대로 구겨졌다. 원인은 관료주의와 느릿한 의사 결정에 있다 하겠다.

오랜 전통과 큰 규모가 GM의 자랑이었으나, 역으로 말하면 그만큼 움직임이 굼뜨다는 얘기도 된다. 이런 탓에 GM은 '늙은 공룡'이라는 불명예스런 별명을 얻기도 했다.

하지만 변화의 싹이 보이고 있다.

2002년 12월 최고경영자 자리에 오른 릭 왜고너에 대한 믿음 때문이다.

그는 50세에 불과하지만 젊은 나이로 GM 변화를 주도하고 있다. 하버드대 행정학 석사 출신인 그는 1977년 GM에 입사했다. 2000년 47세에 최초로 사장 자리에 올라 1923년 알프레드 슬로언 회장 이후 가장 젊은 CEO라는 평가를 받았다. 그는 차기 회장 내정자다.

그의 방에 들어서면 '크고 빠르게(Big and Fast)'라는 문구가 걸려 있다.

규모 있는 회사답게 기술 개발에 '크게' 투자하고, 급격히 변하는 소비자 욕구에 '빠르게' 대처하겠다는 의미다. '빠르게'를 강조하는 그의 경영 의지는 다음 인터뷰에서 잘 나타난다.

"GM의 해묵은 관료주의를 깨부순다는 게 쉽지 않다. 그러나 지금 시점에서는 80% 이상 정확하다면 빠르게 진행시켜야 한다. 100% 확신을 갖기 위해 일을 늦추는 것보다 낫다는 사실을 깨닫고 있다. 말하자면 빨리 움직일 때 좋은 일이 일어난다는 걸 배웠다."

대체 에너지 차로 시장을 선점한다

구체적으로 들어가면 그의 변혁 방안은 크게 두 가지로 요약된다.

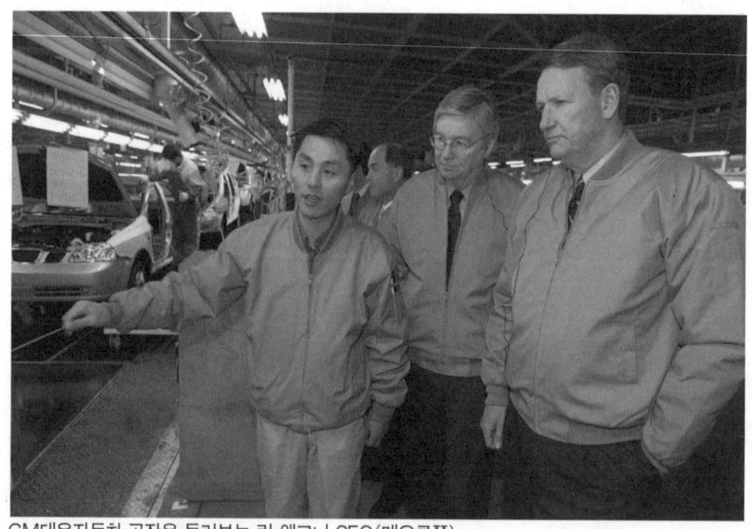

GM대우자동차 공장을 둘러보는 릭 왜고너 CEO(맨오른쪽)

하나는 신기술 개발이다. 전문가들은 "이제 자동차 기술이 어느 정도 비슷해졌다"고 지적한다. 전문가라면 모르겠으나 소비자의 입장에서 보면 성능 면에서 아주 특별히 뛰어난 차를 구분해 내기는 어렵다.

하지만 대체 에너지 차로 들어가면 얘기는 달라진다. 어차피 가솔린 차는 한계에 다다랐다. 유한 자원일 뿐 아니라 환경 오염 때문에 향후 몇 십 년을 장담할 수 없는 처지에 놓여 있다. 그래서 GM은 이 분야에서의 선점을 노리고 있는 것이다.

GM은 2002년 말 유럽 모나코에서 수소를 연료로 하는 미래형 차 '하이와이어' 발표회를 가졌다. 이 자리에 전 세계 기자들을 불러모았는데, 기자들에게 쓴 비용만도 비행기 삯을 포함해 1인당 1만 달러에 이를 정도였다(이 자리에 참석했던 필자는 GM이 얼마나 대체 에너지 차 개발에 열을 올리는지 알 수 있었다. 대체 에너지 차에 사운을 걸고 있다는 느낌마저 들었다).

"이 같은 대체 에너지 차가 얼마냐"고 묻는다면 아직까지는 어리석은 질문이다. 너무나도 비싼 차이기 때문이다. 개발비를 감안한다면 한 대당 수백만 달러 정도라면 될까. 이러한 가격 때문이라도 대체 에너지 차를 아직 양산할 단계는 아니다. 수소 연료 저장소를 구비하는 인프라도 문제지만 말이다. 어쨌든 기술에서는 GM이 분명 앞서 나가고 있는 셈이다. GM은 2010년 양산을 목표로 개발 중이다.

2003년 1월 열린 '디트로이트 모터쇼'에서도 릭 왜고너는 다시 한 번 대체 에너지 차를 강조했다. 그는 "2007년까지는 하이브리드 카 생산을 대폭 늘리겠다"고 밝히고 있다. 하이브리드 카란 휘발유와 전기를 함께 연료로 사용하는 차로 수소 연료 차보다는 훨씬 실현 가능성이 높은 차다.

보기 좋은 차가 잘 팔린다

두 번째 변화의 움직임은 디자인 개선이다. GM이 추구하는 방향은 이제 '크고 빠르게'에 이어 '세련되게'라는 문구를 넣어야 할 듯싶다. 기술 발전이 비슷하게 이루어진다면 혁신적인 디자인으로 승부수를 띄워야 한다는 생각의 반영이다. 심지어 "자동차 업체 운명은 디자이너 손에 달려 있다"는 말도 나온다.

부실 덩어리 닛산자동차를 회생시킨 카를로스 곤 최고경영자도 수시로 디자인을 강조한다. 그는 닛산 구조 조정을 혹독하게 진행하면서도 디자인 본부에 대한 투자는 전혀 줄이지 않았다.

변화의 출발은 인력 보강이다. GM은 2001년 8월 디자인을 강조하기로 유명한 크라이슬러 부회장 출신인 로버트 루츠를 제품 개발 부회장으로 영입했다. 루츠 부회장은 미국 자동차 '빅(big)3'인 GM, 크라이슬러, 포드를 두루 거친 생산 분야 전문가다. 그는 1986년 포드에서 크라이슬러로 옮긴 바 있는데, 크라이슬러 재직 당시 다지램 픽업 등 신제품이 히트를 거듭해 크라이슬러를 빚더미에서 구해 냈다는 평가를 받는다. 그는 1996년 경제 전문지 『포브스』가 뽑은 올해의 기업인으로 선정되기도 했다.

그는 자동차 배터리 제조 업체인 익사이드테크놀로지 사장직을 사임한 뒤 GM에 합류했다. GM으로 자리를 옮긴 뒤 "자동차를 단순한 운송 수단으로 보지 말라"며 "차종별로 타깃 고객을 명확히 한 뒤 해당 계층의 눈길을 끌도록 디자인하고 차별화하라"고 주문했다(루츠 부회장은 전투기 조종사 출신이다. 일혼을 넘긴 지금도 주말이면 골프채 대신 전투기 조종간을 잡는 것으로 유명하다. 키가 190cm나 되는 거구다).

루츠 부회장에 대한 인사는 재무총괄책임자로 영입된 존 디바인 전 포드 재무담당부사장(CFO)과 더불어 화제를 모았다. GM은 외부 인사를 좀처럼 영입하지 않기로 유명했기 때문이다. 다시 말해 생존을 위해 과감히 수혈을 했다는 분석이 옳을 것이다.

모건스탠리의 한 애널리스트는 미국의 한 경제 주간지와의 인터뷰를 통해 "왜고너가 GM을 살리기 위해 쓸 수 있는 카드는 다 쓰고 있다"고 평가하기도 했다.

디자인에 대한 인식도 변화하고 있다. GM 디자인센터에는 한국인 디자이너 노승일 씨가 리드디자이너(한국으로 말하면 수석디자이너 격)로 근무 중이다. 그의 말을 빌리면 "디자인센터에 대한 중요성은 날로 늘어가고 있다"고 한다.

웨인 체리 GM 디자인센터장(부사장)이 예전에 한국을 찾았을 때 필자가 "디자인센터가 강화됐다고 들었다"고 묻자 그는 "디자이너로서 지금처럼 일하기 좋았던 적이 없다"고 답했다.

릭 왜고너는 '빠르게'라는 경영 전략을 지속시키기 위해 신차 디자인 개발 주기를 18개월로 단축시켰다. 사실 디자인은 GM뿐 아니라도 대부분의 기업들이 심혈을 기울이는 부분이다. 그러나 어떤 우수한 디자인이 나오느냐는 회사마다 천양지차라고 할 수 있겠다.

　이러한 여러 가지 변화를 위한 노력에도 불구하고 GM의 갈 길은 멀다. 해외 시장에서의 활약이 미비한 점, 퇴직 종업원에 대한 연금 부담이 크다는 점이 주요 원인으로 꼽히지만 가장 지적 받는 부문은 소형차 시장의 부진이다. 2001년 전체적으로는 이익이 났지만 소형차는 대당 2,000달러씩 총 10억 달러의 적자가 났다. 시장 점유율도 계속 하락세다. 1998년 9.8%에서 현재 21%대로 떨어졌다.

내 별명은 비용 절감 계산기

 **Lufthansa**

위르겐 베버 (Jürgen Weber)

1991년 5월에 CEO로 선정된 이래 12년간 루프트한자 CEO로 활동해 왔다. 2003년 6월이면 후임자 볼프강 모이어후버가 뒤를 잇는다.

1997년 10월 루프트한자의 완전 민영화를 위한 밑거름을 준비하면서 루프트한자 그룹의 구조적이고 전략적인 재편성을 시작하였다. 그의 지도력에 힘입어, 세계 최대의 항공 동맹체인 스타얼라이언스를 창설하게 되었다. 12년간 회장 및 최고운영자를 역임하면서 사업의 재편성, 기업 혁신 및 민영화와 같은 민감하고 중요한 사안에 현명하고 발빠른 정책들을 성공적으로 마무리하였다.

미국의 저명한 잡지 『Aviation Week & Space Technology』는 베버 회장을 1997년 항공우주 수상자(Aerospace Laureate for 1997)로 선정했다. 또한 1999년 11월에는 루프트한자의 성공적인 회복과 루프트한자를 새로운 항공 그룹으로 발전시킨 공로를 인정하여 독일의 잡지 『Manager』에서 '1999년의 매니저' 로 선정하였다.

세계 항공 업체들이 고전을 면치 못하는 가운데 유럽 최대 항공사인 독일의 루프트한자가 고공 비행을 계속하고 있다. 루프트한자는 2002년 1~9월까지 7억 750만 달러의 영업 이익을 올렸다. 이는 미국의 아메리칸항공(AMR), 유나이티드항공(UAL)은 물론 저가 항공사로 유명한 사우스웨스트항공을 능가하는 경영 실적이다.

루프트한자는 2001년 매출이 150억 달러로 아메리칸항공, 유나이티드항공에 이어 세계에서 3번째로 큰 항공사다. 유럽에서는 라이언에어에 이어 2위(2002년 시가 기준)이고 화물 운송만 놓고 보면 세계 최고다. 재무 구조도 싱가포르항공 못지 않게 견실하다.

루프트한자는 또 최근 10년간 비용 절감 노력을 기울여 8억 9,000만 달러의 유동성을 확보했다. 독일 경제 사정이 더 이상 나빠지지만 않는다면 2,000명의 인력을 보충할 예정이다. 2003년 1월에는 세계 최초로 유럽 – 미국 노선에 기내 인터넷 서비스를 시작했다.

루프트한자는 1926년 설립된 독일 국영 항공사이다. 루프트한자(Lufthansa)는 하늘이라는 뜻의 'Luft'와 중세 독일 지역 도시들 간의 상업 동맹인 'Hansa'가 합쳐진 말이다. 회사 로고는 날아가는 학(鶴)이다.

2차 세계대전 후 독일의 경제 부흥과 함께 세계적인 항공사로 성장했다. 그러나 루프트한자는 1985년부터 재무 구조가 악화되기 시작했다. 결국 1991년 걸프전쟁 이후 항공 이용객이 급감하자 18년 만에 순손실을 기록하기에 이르렀다.

루프트한자가 이름과 로고에 걸맞게 고공 비행하는 데는 1991년 5월부터 CEO로 재직해 온 위르겐 베버 회장의 성공적인 구조 조정이 뒷받침되어 있다.

구조 조정 1 ｜ 과감히 분사, 독립시킨다

베버 회장은 1991년 루프트한자를 구원하기 위해 CEO 자리에 올랐다. 평생을 루프트한자에서 엔지니어로 보낸 베버 회장은 북유럽의 게르만족치고는 마른 편이다. 키가 그다지 크지 않고 합리적이고 계산적이라는 느낌이다. 어떻게 보면 차갑게 느껴진다는 표현이 더 정확하다.

그의 영어 발음은 꾸밈이나 기교가 전혀 없다. 단어 하나하나가 딱딱 끊어지는 것이 독일어를 하는 듯하다. 문장 내용도 화려한 수식어를 사용하지 않고 요점만 간단하다. 기자들과 인터뷰할 때는 기자의 질문이 베버 회장의 답변보다 더 길어질 때도 있다.

그래서일까. 취임과 동시에 8,000개의 일자리를 잘라 내는 등 과감한 조치를 취했다.

베버 회장은 민영화를 목표로 일부 계열사를 분사했다. 그는 분사를 통해 각 계열사의 경영 실적이 향상되기를 원했다. 무엇보다

5만 2,000명에 달하던 노조의 힘을 분산시켜 민영화의 최대 걸림돌을 없앨 수 있었다. 현재도(2003년 1월) 조종사 노조와 지루한 임금 협상을 계속하고 있다.

분사된 기내식 사업 부문은 2001년 매출이 35억 달러에 달하는 세계 최대 기내식 얼라이언스 'LSG 스카이 쉐프'로 성장했다. 2002년에는 아시아나항공의 기내식 사업 부분을 700억 원에 인수했다. 수리, 정비를 맡는 루프트한자 테크닉은 2001년 25억 달러의 매출로 25%의 성장을 보였다.

구조 조정 2 앞을 내다보는 공격적인 경영

베버 회장은 1990년대 후반 아시아 금융 위기 때 구미 항공사로는 유일하게 노선을 증편하는 공격적인 경영을 펼쳤다. 그는 당시 아시아가 금융 위기를 극복할 것을 확신했다. 그 결과 아태 지역 노선은 루프트한자 전체 매출의 14%를 차지해 유럽 노선(68%)에 이어 매출액 비중 2위다.

새로운 사업도 과감히 시작했다. 업무 출장자가 많다는 점을 고려하여 2002년 6월부터 주 6회 운항하던 뒤셀도르프 - 뉴욕 노선을 1등석으로만 채웠다. 뒤셀도르프는 독일의 제조 산업 거점이지만 현재는 세계 유수의 컨설팅 회사들이 자리를 차지하고 있다.

반면 2003년 1월에는 중단거리 노선에 대한 비즈니스석 규모를 대폭 줄였다. 프랑크푸르트와 미국 보스턴, 필라델피아를 연결하는 노선은 비즈니스석과 이코노미석만으로 운영된다. 빈 좌석으로 운항하는 경우가 많은 다른 노선에서도 차츰 1등석을 없애 나갈 방침이다. 항공사들은 1등석과 비즈니스석이 빈자리로 남는 경우 이코노미 승객을 태워 주기도 한다. 항공사 입장에서는 빈 좌석으로 가는 것보다 승객을 한 명이라도 더 태우는 것이 유리하기 때문이다.

2003년 2/4분기에 들여올 에어버스 SAS A430-600 기종 10대와 추가 도입분 10대의 경우 애초부터 1등석을 없앤 기내 설계를 해 취항시킬 계획이다. 이는 독일에서의 비즈니스 여행 수요 감소와 이라크 전쟁 가능성을 고려한 조치로 보여진다.

이와 동시에 루프트한자는 할인된 요금을 적용하기 시작했다. 인터넷 경매를 도입했고 저가 할인권도 판매했다. 이런 방식으로 루프트한자는 주요 항공사들과의 경쟁에서 한 발짝 피해 가고 있다.

그렇다고 저가 항공사들과 직접 경쟁에 나선 것은 아니다. 베버 회장은 영국 언론과의 인터뷰에서 특유의 단순한 어투로 "저가 항공사들이 한참 인기를 끌고 있지만 고급 항공에 대한 수요는 얼마든지 있다. '돈이 되는지' 검토한 뒤 본격적으로 저가 항공 시장에 뛰어들지 여부를 결정하겠다"고 말했다.

구조 조정 3 아낄 수 있는 만큼 아껴라

루프트한자는 9·11테러가 일어나기 몇 달 전 2004년까지 10억 달러의 유동성 확보를 위한 'D-Check Savings' 프로그램을 시작했다. 베버 회장이 이 프로그램을 발표하자 경쟁사들은 비웃음을 보냈다. 필요도 없을 뿐더러 실현 불가능한 계획이라는 뜻이다. 하지만 9·11테러가 발생하자 입장은 180도 바뀌었다.

앞서 2000년 후반부터 항공 화물량이 줄어들기 시작했다. 베버 회장은 "화물량 감소는 곧바로 승객 감소로 이어진다"는 판단 아래 '루프트한자 항공 조사 과정'이라는 이름의 비용 삭감 프로그램을 실시했다. '시티라인(City Line)'이라는 새로운 자회사가 비용 절감 조사만을 목적으로 새로 생겨났다. 2002년 5월에는 DHL 지분을 팔아 5억 1,400만 달러를 확보했고, 계열 여행사 스타트 아마데우스 트래블을 9,500만 달러에 매각했다.

아웃소싱도 도입했다. 고급 항공 수요를 충족하기 위해 항공기 대여 전문 항공사 '스위스프라이빗항공'으로부터 1등석 48석 규모의 특수 비행기를 1년간 임대했다.

노련한 비용 절감 실력으로 '계산기'라는 별명을 가진 베버 회장. 시련의 시기를 잘 넘긴 베버 회장은 2003년 여름이면 CEO에서 물러난다. 후임자는 볼프강 모이어후버 루프트한자 그룹 운영 위원회 부의장 및 루프트한자 여객 부문 최고경영자이다.

뱅크하우스 메츨러의 항공 담당 애널리스트 위르겐 파이퍼는 "베버는 10년 동안 비용 절감, 서비스 질 향상, 유연한 노선 운영을 고민해 왔다"고 평가했다.

루프트한자

루프트한자는 1926년 설립된 독일 국영 항공사. 2차 세계대전 후 독일 경제의 부흥과 함께 세계적인 항공사로 성장했으며 2001년 매출은 150억 달러로 아메리카항공, 유나이티드항공에 이어 세계에서 3번째로 크다. 유럽에서는 라이언에어(Ryan Air, 2002년 시가 기준)에 이어 2위이고, 화물 운송만 놓고 보면 세계 최고다. 재무 구조가 견실하기로 유명하다. 2003년 1월에는 세계 최초로 유럽-미국 노선에 기내 인터넷 서비스를 시작했다. CEO는 위르겐 베버 회장이며, 본사는 독일 쾰른에 있다.

독일인 CEO가
미국 기업 살렸다

다임러크라이슬러 (Daimler Chrysler)
독일 다임러벤츠와 미국 크라이슬러 합병으로 1998년 공식 출범했다.
양사 합병은 규모와 수익성 등에서 상당한 시너지 효과를 낼 것이라는 판단에서 이뤄졌다. 다임러크라이슬러는 2001년 기준으로 승용차 398만 대, 상용차 49만 2,000대를 팔았다. 총수입은 1,361억 달러에 이른다. 다임러크라이슬러의 주요 브랜드는 크라이슬러, 지프, 닷지, 메르세데스벤츠, 스마트, 프라이트라이너, 스틸링, 세트라 등이다. 1992년 우리 나라에 다임러크라이슬러 한국법인을 세웠으며, 현재 웨인첨리가 대표이사를 맡고 있다.

　1998년 10월 다임러벤처와 크라이슬러의 합병은 유럽과 미국의 합병이라는 점에서부터 주목을 끌었다.

　한때는 '꿈의 결합'이니 '환상적 합방'이라는 등의 찬사가 쏟아졌지만, 그 환호성은 얼마 가지 못했다. 합병 전만 해도 크라이슬러는 미국의 다른 어떤 자동차 회사보다 이익을 많이 냈던 업체였다. 1990년대 위기가 있기는 했으나, 미니밴과 지프를 선보여 의연히 재기를 한 저력도 있다.

　그러나 1998년 합병은 달랐다. 합병 뒤 2년 동안 크라이슬러 경영진들은 독일 경영진과 뜻이 맞지 않았다. 간부급 경영진의 66%가 회사를 떠나는 사태가 벌어졌다.

　그 뒤 크라이슬러의 재무 구조는 급속히 나빠졌다. 마침 일본 혼다와 도요타 등이 미국 시장을 잠식해 들어가면서 점점 더 나빠졌고 공장에는 재고가 넘쳐 났다.

　합병 전만 해도 세계 3위 자동차 메이커였고, 최근 9년간 한 번도 적자를 낸 적이 없었던 크라이슬러가 갑자기 애물 단지로 전락해 버린 것이다.

독일의 경직성이 미국의 기업가 정신을 죽였다?

원인은 문화적 차이라는 견해가 지배적이었다.

　한 자동차 전문 기자는 "독일의 경직성이 미국의 기업가 정신을 죽였다"고 표현하기도 했다. 메르세데스벤츠라는 유럽 귀족을 탄생시킨 독일 기술과 아이아코카 전설을 낳은 크라이슬러의 결합은 잘 어울릴 듯 보이면서도 어울리지 않는다는 얘기다. 크라이슬러

는 중저가 시장을 겨냥했고
다임러벤처는 고급차 시장
에 적합했기에 둘이 어울리
지 않았을 수도 있다.

이런 분위기다 보니 "크
라이슬러를 인수하는 데 든
380억 달러만 날리는 것 아
니냐"는 우려의 목소리가
공공연히 나돌았다.

그러나 크라이슬러는 다
시 회생의 길로 들어서고
있다. 구원 투수 역을 성공

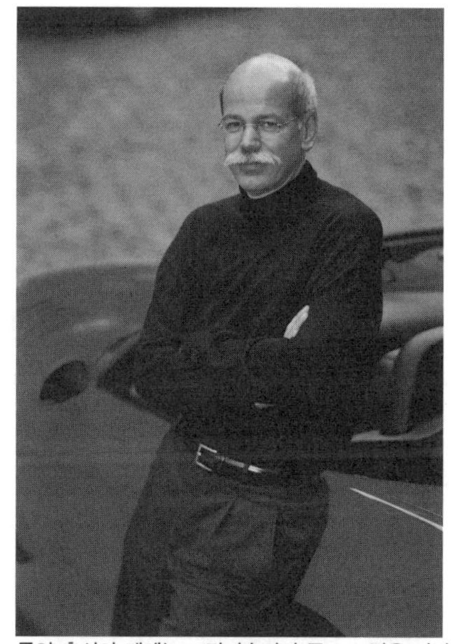

독일 출신의 제체는 크라이슬러의 구조 조정을 반발 없이 처리했다.

적으로 맡고 있는 인물은 디이터 제체다.

다임러 상용차 부문 이사였던 제체는 2000년 11월 '크라이슬러 구출 특명'을 안고 미국으로 들어왔다. 위르겐 슈렘프 다임러크라이슬러 회장은 미국인 경영진을 모두 독일인 경영진으로 교체해 버린 것이다. 2인자로 불릴 만한 조직 운영 담당 임원도 독일인 볼프강 베른하르트로 바꿨다.

크라이슬러 최초의 독일인 CEO

제체는 독일인으로서는 처음으로 크라이슬러 최고경영자 자리에 오른 셈이 됐다. 제체는 다임러크라이슬러 이사회 멤버 가운데 한 사람으로 2001년 여름부터 다임러크라이슬러의 매출이 침체에 빠지자 등용설이 솔솔 나왔다.

당시 미 언론들은 제체를 '히틀러' 이미지로 묘사하며 험난한 앞길을 예고했다. 감정적으로 그를 나쁘게 평가한 면도 있다. 미국인 전임 CEO 제임스 홀든이 1년 만에 해임된 터라 미국인들의 자존심이 구겨졌기 때문이다.

하지만 그는 잘 해냈다. 48세의 젊은 나이로 취임하자마자 조직 문화를 혁신적으로 바꿔 냈다. 문화적 차이를 극복하는 데 성공한 것이다. '독일인의 리더십과 미국 문화를 어떻게 접목시키느냐'는 그가 가장 신경을 썼던 부분이다.

융합을 하려면 직원과 함께 어우러져야 한다. 그는 권위주의 타파로 접근했다. 최고경영자로서의 특별 대우를 거부하고 사내 식당, 엘리베이터 등도 직원들과 함께 이용하며 동질감을 높이려 애썼다. 직원들의 전자우편에 답장하는 일도 잊지 않았다.

잘나가는 기업을 살펴보면 CEO가 권위적이지 않은 경우가 많다. 일본의 한 유명 펀드매니저는 직원들에게 큰소리를 치고 화를 잘 내는 CEO, 직원들과 떨어져 고고하게 있는 CEO의 기업에는 투자를 하지 않는다고 한다.

강도 높은 구조 조정 반발 없이 처리

제체는 양면 전략을 구사했다. 일단 사기를 높인 뒤 강도 높은 구조 조정에 들어갔다. 그는 전체 직원의 20%에 해당하는 2만 6,000명을 감축하기로 결정했다. 캐나다, 멕시코 등의 공장도 3개를 폐쇄하였다. 다른 한편 자동차 딜러와 부품 공급 업체 등을 포함한 영업망을 개편했다.

사실 미국의 자동차노동조합(UAW)은 강성으로 유명하다. 감원이 쉽지 않은 일이었지만 그는 잘 해냈다. 그가 주안점을 뒀던 부분은 철저한 비용 절감이다. 당시 경제 전문가들은 "비용 절감이 깊은 수렁에 빠진 다임러크라이슬러 회생의 열쇠"라고 입을 모았다. 1998년 다임러가 크라이슬러를 인수하면서 신차 개발 시설에 과도한 비용을 쓴 까닭이다. 고정투자비가 기업의 발목을 잡은 형국이었다.

제체는 자동차 모델 간에는 서로 부품을 공유하거나, '놀리는' 공장 없이 집중적으로 가동하는 방법 등을 연구해 2001년 25억 달러 이상 비용을 줄였다.

다임러크라이슬러는 5년간 '자금 지출은 40% 줄인다' 는 방침을 지키고 있다. 평균 95억 달러에 이르는 투자 예산도 60억 달러로 감소시켰다. 2003년까지는 모두 81억 달러 이상 비용 절감 효과를 거둘 듯 보인다.

사실 손익 측면에서 본다면 아직 갈 길이 멀다. 2001년에는 22억 달러의 영업 손실을 기록했다. 그래도 점차 흑자 전환에 가까워지고 있다.

이는 위르겐 슈렘프 다임러크라이슬러 회장이 말한 구조 조정 일정과 거의 일치한다. 2001년에 3년 일정 구조 조정안을 발표했는데, 2002년에 손익분기점에 도달하고 2003년에는 흑자 전환시키겠다는 내용이었다.

지금까지의 시장 반응은 괜찮다. 제체 스스로도 만족스런 반응이다. 그는 "다임러크라이슬러는 생존 투쟁 수준을 완전히 벗어났다. 이젠 앞서 나갈 수준으로 끌어올리겠다"고 밝히고 있다.

다만 아쉬운 점이 있다면 시장 점유율이 2003년 현재 13.2% 수준이라는 것이다. 14%라는 목표치를 2003년 내에 달성할 가능성은 없어 보인다.

다임러크라이슬러 측은 "이익을 희생하면서까지 시장 점유율 목표 달성을 무리하게 강행하지는 않겠다"고 밝히고 있다. 현 수준에서 목표치를 달성하려면 13만 대의 자동차를 더 팔아야 한다. GM과 포드가 저가 공세를 지속하는 상황이라 빠른 성장은 어려울 듯 보인다.

그는 2001년 3월 미국자동차노동조합 모임에 참석해 연설을 했다. 자동차업계 CEO가 자동차노조 앞에서 연설한 것은 그가 최초였다. 그것도 독일인 경영인으로서.

이 말은 다임러크라이슬러 문화, 나아가 세계 자동차 산업 중심지인 '디트로이트 문화'에 뛰어난 적응 능력을 보였다는 뜻이다.

"다임러크라이슬러를 회생시키는 일은 멀고도 험난한 길임에 틀림없다. 그러나 반드시 다시 일어나 옛 명성을 찾겠다." 단호한 그의 의지 속에 다임러크라이슬러 회생을 기대해 볼 만하다.

도전적이고 공격적인
경영만이 살 길이다

포드(Ford)

1903년 헨리 포드가 미국 미시건 주 디어본에서 창업했다. 헨리 포드가 만든 T형 포드는 1,000만 대 이상 팔렸다. 자동차 100년사에서 잠깐 사라졌다가 사라져 간 회사는 4,000개가 넘는다. 이 가운데 1,000만 대 이상 팔린 차는 폴크스바겐 비틀, 도요타 카롤라, 그리고 T형 포드뿐이다.

링컨, 머큐리, 재규어, 볼보, 마쓰다, 애스턴마틴 등 7개 자동차 브랜드를 갖고 있다. 세계 200개국에 진출했으며 연매출은 1,300억 달러에 이른다.

"나세르의 등에 칼을 꽂았다."

영국 경제 주간지 『이코노미스트』는 세계 2위 자동차 회사 포드가 전문 경영인 출신 자크 나세르 회장을 퇴출시킨 일을 이렇게 비유했다.

그 자리엔 창업자 헨리 포드 증손자이자 전 CEO 헨리포드 2세 조카인 윌리엄 포드가 들어섰다. 그는 지금까지 포드 이사회 의장직을 맡아 왔다. 포드는 나름의 원칙이 하나 있었다. 이사회는 창업가인 포드 가문이 맡고 경영은 전문인이 한다는 것이다. 윌리엄 포드가 경영 전면에 등장함에 따라 이 원칙은 깨졌다. 창업 98년 만인 2001년 최대 시련을 겪고 있는 포드가 오너 체제로 돌아섰다는 얘기다.

포드가가 전문 경영인과 사이가 좋지 않다는 사실은 유명하다. 지분의 40% 이상을 확보하고 있는 포드 가문은 리 아이아코카와 도널드 피터슨을 내쫓는 등 전문 경영인과 자주 마찰을 빚었다. 즉흥적이라는 지적도 있었다. 헨리 포드 2세가 1978년 아이아코카를 해고하면서 남긴 말은 "I just don't like you(나는 그냥 그를 좋아하지 않는다)"는 다섯 단어뿐이었다고 한다.

경영 귀재로 알려진 아이아코카는 포드에서 실력 발휘를 못했지만 1979년 크라이슬러로 자리를 옮기자 마자 채무에 허덕이던 회사를 회생시켰다.

나세르의 실적 부진이 화근

이번에도 "회장직에 만족하지 못해 CEO까지 꿰찼다", "포드가 지분 40%를 등에 업고 사주가 전문 경영인을 축출한 쿠테타"라는 등의 비난을 받았다. 그러나 감정적인 교체만으로 해석하기 어려운 부분이 있다.

실적 부진이 워낙 심했던 탓이다. 나세르가 있는 동안 포드는 적자를 면치 못했다. 2001년 성적은 54억 5,000만 달러 적자였다. 시장 점유율도 2000년에 비해 1.5%나 떨어졌다. 2003년 현재 미국 내 점유율은 1995년 26% 수준에서 21% 내외를 기록한다. 이 비즈니스 쪽으로 사업 다각화를 시도했지만 제대로 성공한 건 없다. 자연스레 불협화음이 잦았다.

포드가 시장 장악력을 잃은 이유는 한국의 현대자동차, 기아자동차나 일본의 도요타, 혼다 등 아시아자동차 회사와의 경쟁에서 자꾸 밀리기 때문이다. 포드는 적절한 대책을 수립하지 못했던 것이다.

포드는 무이자 할부 금융, 무차별 대출 등 온갖 인센티브를 제공하며 시장 점유율을 잃지 않으려고 발버둥쳤지만, 재무 구조는 오히려 악화됐다. 이윤이 감소하고 부실 채권이 증가하는 것을 무릅쓴 판매 전략 탓이다.

포드는 2003년도 모델 자동차 대부분에 대해 500달러 또는 1,000달러 현금을 돌려주거나 3%의 저이자 할부 판매를 시행하고 있다. 여기에 2001년 주력 차종인 익스플로러가 파이어스톤 타이어 불량으로 대규모 리콜을 단행해 재정적 손실이 컸음은 물론 이미지도 나빠졌다. 소비자들은 포드자동차를 불안한 차로 생각하게 된 것이다.

어쨌든 오너로서 윌리엄 포드가 구조 조정에 박차를 가한다는 점은 고무적이다. 그는 전임 CEO 나세르와의 차별성을 강조한다. '경영이 왜 어려웠는가'에 대한 물음에 그는 내부와 외부 조직이 와해됐기 때문이라고 답한다.

이 말은 나세르가 포드자동차 내부 경영 시스템을 효율적으로 작동시키지 못했다는 지적임과 동시에, 딜러나 소비자 등 대외 관계에서도 신뢰를 얻지 못했다는 뉘앙스를 풍기는 말이다.

윌리엄 포드가 해야 할 가장 큰 과제는 근본적인 체질 개선이다. 전문가들은 포드에 대해 과다한 생산 설비와 잉여 인력, 이에 따른 이윤 축소를 문제삼고 있다. 이것들은 아주 근본적인 문제들이다.

일본식 생산 방식 도입

이에 대해 그는 체질 개선에 적극 나서 일본식 생산 방식을 도입하

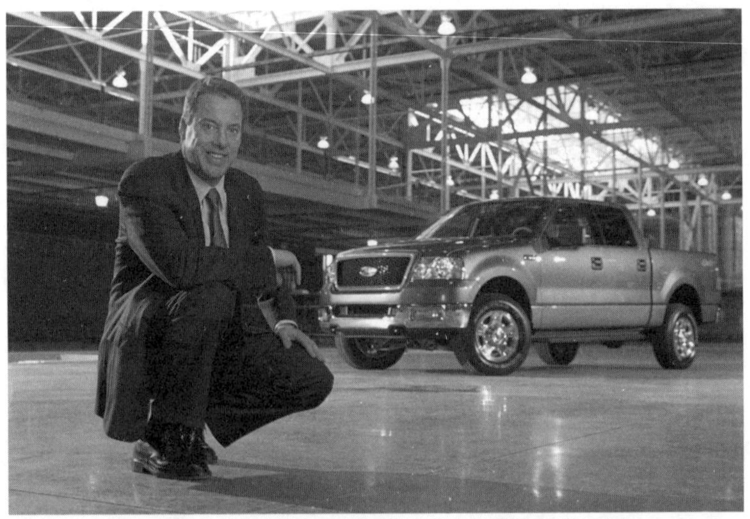

윌리엄 포드 회장은 일본식 생산 방식을 도입해 자동차 왕국의 부활을 꿈꾸고 있다.

는 것도 주저하지 않았다. 포드는 최근 일본 자동차 업체들처럼 한 생산라인에서 두 가지 이상의 모델을 생산하는 방식을 받아들였다. 이 방식은 1980년대 혼다와 도요타가 도입한 것으로, 소비자 기호 변화에 민감하게 대처할 수 있다는 장점이 있다. 제너럴모터스나 다임러크라이슬러는 이미 이 같은 생산 방식을 받아들였다.

이 계획에 따르면 2005년에는 생산라인의 절반 정도가 이 시스템을 도입하고, 90억 달러 가량 비용 절감 효과를 기대할 수 있다. 포드는 2005년까지 차량 한 대당 생산 비용 700달러를 줄이겠다고 선언한 바 있다. 2010년까지는 75%까지 가능하다.

이처럼 포드 회장은 비용 절감을 위해 할 수 있는 모든 방법을 동원하고 있다. 빅3 업체 모두에게 해당되는 말이겠지만 생존 경쟁에 돌입한 자동차 시장에서 살아남으려면 고비용 구조를 타파해야만 한다.

차츰 구조 조정 효과가 결실을 보이는 듯싶다. 현재 대당 생산 비용이 240달러는 줄어들었다는 게 포드 측 분석이다. 리콜도 줄어들었다. 2002년은 2001년에 비해 적자폭을 대폭 줄였다.

여기에 어떻게든 시장 점유율을 높이려 무이자 할부 판매를 다시 가속화하고 있다. 그러나 이 방법은 재무적인 부담을 줄 수 있는 한계를 갖고 있다.

신용 등급은 떨어진 상태

물론 아직 갈 길이 멀다. 포드자동차의 병폐는 1~2년의 치료로 끝날 일이 아니라는 게 일반적인 시각이다. 포드자동차의 부채 규모는 3,000억 달러에 육박한다. 연간 매출액의 1.5배가 넘는 수치다.

재무 구조가 너무 나빠 포드 회사채는 시장에서 찬밥 신세다. 신용 등급도 뚝 떨어졌다. 오죽하면 한국에서 회사채를 발행하려 했을까. 포드 회사채 신용 등급은 월가에서 정크본드(투자 부적격 채권, 투기 채권)로 떨어져 사실 발등에 불이 떨어진 상태다.

그래도 포드 회장은 도전 정신으로 위기 상황에 대처하고 있다. 포드 회장은 『파이낸셜타임스』와의 인터뷰에서 "나는 도전적인 사람을 좋아하는 최고경영자"라고 밝힌 바 있다. 그는 CEO에는 두 가지 종류가 있다고 말한다. 때론 자신에게 대들기도 하는 도전적인 인재를 선호하는 CEO와 그렇지 않은 CEO라는 것이다. 그는 자신을 도전적이고 자기를 능가하려는 사람을 키우는 CEO라고 설명했다.

도전적이고 공격적인 경영으로 과연 100년 전통 명성을 되살릴 수 있을지 관심이 모아진다.

오너 눌러 버린
철의 여인 피오리나

칼리 피오리나(Carly Fiorina)

피오리나는 미국 텍사스 오스틴 태생으로 스탠포드 대학에서 중세사와 철학을 전공했다. 법학 교수인 부친을 따라 법률가가 되려고 캘리포니아 대학 로스쿨에 들어갔다. 그러나 한 학기 만에 그만두고, MIT에서 공학석사, 메릴랜드 대학에서 MBA를 거친 뒤 AT&T에서 직장 생활을 시작했다. 그녀는 중학교 1학년 때 희랍어로 아리스토텔레스를 읽기로 마음먹고 결국 성공해 냈다고 한다. 자신의 이러한 성격 탓에, 그녀는 해보지도 않고 '노(No)'라고 말하는 사람을 아주 경멸한다고 말한다.

현재 세계에서 가장 힘있는 여성 경영인이 누굴까. 전문가들은 칼리 피오리나 휴렛패커드(이하 HP) 회장(49)을 꼽는 데 주저함이 없다.

피오리나는 최근 놀랄 만한 사건을 하나 저질렀다. HP와 컴팩 간의 합병이다. 이는 누구도 예측하지 못했던 변혁이었다. 심지어 최대 경쟁사인 델컴퓨터 마이클 델 회장조차 "전혀 몰랐다"고 털어놓을 정도였다.

어찌 보면 그녀가 쉬운 길을 놔 두고 힘든 길을 택하는 것처럼 보인다. 합병 전 HP는 이미지와 프린팅 사업에서 독보적이었다. 유닉스 시장에서도 1위 업체인 선마이크로시스템스와 비슷한 위치에서 경쟁했다. 계측기 사업 쪽도 '애질런트' 라는 독립 법인을 분리해 괜찮은 경영 성적을 보였다.

그러나 그녀는 '좋을 때 변화를 추구해야 한다' 는 자신의 지론을 따랐다(사실 합병을 추구할 당시 적자에 시달렸기 때문에 꼭 좋은 때라고 말하기는 어려운 측면이 있다). 눈앞의 수익성보다는 시장 변화에 대처하겠다는 게 합병을 추진한 동기였다.

합병은 박빙의 드라마

하지만 합병이 어디 쉬운 작업이던가. 재무 관계 등 실무적인 부분은 오히려 쉽다. 합병에서 어려운 부분은 주주들의 결단이다. 이해 득실을 따지기 때문에 의견을 모으기가 만만찮다.

역시 가장 큰 걸림돌은 HP의 대주주이자 창업주 가족인 월터 휴렛 가족이 합병에 반기를 들고나섰다는 데 있었다. 반면 전문 경영인이었던 피오리나는 강력히 합병을 주장했다.

분위기가 이렇게 흐르자 합병 자체보다는 합병이 무산되면 피오리나가 물러날 수 있다는 점에 더 관심이 모아지기도 했다.

결론부터 말하면 피오리나가 이겼다. 투표권자가 90만 명이나 되는 2001년 투표에서 합병안은 박빙으로 통과됐다. 미 대선 당시 조지 부시 후보와 앨 고어 후보 간에 펼쳐진 재검표를 연상시킬 만큼 긴장감 넘치는 분위기였다고 한다.

합병 뒤 시너지 효과는 얼마나 될까. 통합 HP 자산 규모는 564억 달러로 연간 매출은 900억 달러에 이를 전망이다. 대규모 감원을 단행했다지만 전 세계 160개국에 14만 명의 직원을 거느린 초대형 다국적 기업으로 변신했다. 시장 장악력도 훨씬 커졌다. 합병 뒤 유닉스 분야는 물론 윈도우와 리눅스 시장에서도 1위를 차지했다. 시장 규모가 날로 커지고 있는 스토리지 시장에서도 1위로 떠올랐다. 메인프레임을 제외한 대부분의 시장에서 1위인 셈이다.

아직 합병 결과를 단정지을 단계는 아니지만 일단은 좋은 성적을 내고 있다고 보여진다. 2002년 HP는 2001년 5억 500만 달러 적자에서 3억 9,000만 달러 흑자로 돌아섰다.

100대 1의 경쟁률을 뚫고 새 CEO로

이 같은 성과를 거둘 수 있었던 핵심 역량은 그녀가 수행한 구조 조정에 있다. 구조 조정이 밑바탕에 깔렸었기 때문에 합병도 가능했던 것이다.

피오리나는 1999년 7월 루슨트테크놀로지 해외서비스 부문 사

9,000만 달러의 연봉을 받고 CEO 자리에 오른 피오리나는 누구도 예측 못한 컴팩과의 합병을
성사시켰다.

장에서 HP CEO로 자리를 옮겼다. 그녀는 당시 HP 신임 CEO가
되기 위해 100대 1의 경쟁률을 뚫어야 했다. 세 시간에 걸친 인터
뷰와 900문항에 걸친 심리 조사도 있었다고 전해진다.

9,000만 달러(한화 1,000억 원 정도) 연봉의 CEO 자리에 오른
뒤 출발은 산뜻해 보였다. 주가가 그녀의 취임을 반긴 탓이다. 피
오리나 영입이 발표된 날 HP 주가는 2.68달러 뛰었고, 루슨트테
크놀로지는 1.87달러 떨어졌다. 그녀가 '대단한' 인물임을 주식
시장은 알아본 것이다.

그녀는 이미 루슨트테크놀로지에서 두각을 나타냈었다. 그녀가
맡은 해외서비스 부문의 급성장으로 주가가 12배나 뛰었을 정도
였으니까.

피오리나는 취임 첫날부터 "HP의 좋은 점만 남기고 나머지는

모두 바꾸겠다"며 강하게 개혁의 칼날을 들이밀었다.

피오리나가 첫 번째로 한 일은 임원 회의 장소를 본부 건물에서 연구동으로 옮기는 작업이었다. 거기에는 개발을 신념으로 성장한 HP가 초심으로 돌아가야 한다는 뜻이 담겨 있었다.

그리고는 곧장 군살빼기에 나섰다. 83개 제품사업부를 12개로 줄였다. 이는 대규모 제조업체 사상 가장 파격적인 구조 개혁이라는 평가를 받았다. 이 조치만으로 10억 달러의 비용을 절감했다.

사실 HP가 83개의 많은 사업군을 갖게 된 것은 창업자 데이브 패커드와 빌 휴렛의 벤처 정신 때문이다. HP는 벤처 초심을 잃지 말자는 전략으로, 신규 사업의 덩치가 커지면 신규 사업부를 만들어 독립시켰다. 그러나 곧장 부작용이 나타났다. 사업부가 늘자 관료주의가 생겨났고 의사 결정이 늦어진 것이다.

피오리나가 중간 관리자를 대폭 줄인 것도 이 같은 부작용을 제거하기 위한 조치였다. 어느 기업이나 그렇지만 급변하는 IT 기업에서 의사 결정이 늦어진다는 건 사형 선고와도 같다.

하지만 조직 슬림화라는 구조 조정에도 불구하고 어려운 점이 많았다. 중간 관리자가 사라져 책임 소재가 불분명해졌고 조직 통제도 힘들어졌다는 상반된 분석이 나오기도 했다. 구조 조정 여파로 나빠진 인심도 피오리나에게는 부담이었다.

4개 분야로 조직 개편

여기에 컨설팅 업체 프라이스워터하우스쿠퍼스(PWC) 인수가 무산되고 세계적인 불황이 닥치면서 위기를 맞는 듯 보였다. 전문가들은 그녀가 PC 사업을 접고 캐시카우(cash cow, 안정적인 현금 공급원) 분야인 프린터, 이미지 분야에 매진하길 권고했다.

그러나 그녀는 이를 거부했다. "경기가 나빠진 것이 오히려 나에게는 힘이 된다. 모든 게 잘 돌아간다면 누가 변화의 필요를 느끼겠느냐"고 말이다.

어쨌든 그녀는 합병으로 HP 역사에 새로운 장을 열었다. 그녀는 통합 HP 사업 부문은 이미지와 프린팅, PC, IT인프라, 서비스 4가지로 나눠 육성하겠다고 밝혔다. 되는 사업은 적극적으로 키우고 경쟁력이 떨어지는 사업은 과감히 정리하겠다는 의도다. 구조 조정의 연속이다. 그녀는 외치고 있다.

"HP에는 위대한 역사가 있다. 하지만 존재하는 것은 항상 새로운 HP다."

휴렛패커드(HP)

프린터로 유명한 휴렛패커드는 1939년 빌 휴렛과 데이비드 패커드가 공동 창업했다. 세계 벤처 기업 1호로 불린다. 두 설립자가 연구 개발 작업을 했던 차고는 '실리콘밸리의 탄생지'라는 명칭으로 캘리포니아가 보존하고 있다.

휴렛패커드는 "지식의 발전을 가속화해 근본적으로 인간과 조직의 효과성을 향상시키는 정보 제품을 생산하는 것이 사업 목적"이라 밝히고 있다. 'HP Way'라고 불리는 경영 철학은 "인간은 모두 창조적인 일을 하기 원한다. 종업원 한 사람 한 사람을 존중하고 서로의 업적을 인정해 주자"는 내용을 담고 있다.

현재 사업 기반을 다각화해 전 세계 160개국에서 2만 5,000여 종에 달하는 정보 통신 제품을 선보이고 있다. 2002회계연도에 565억 달러 매출을 달성했다. 직원 수는 14만 명. 유닉스 컴퓨터 시스템, 레이저와 잉크젯 프린터는 세계 1위다. 본사는 캘리포니아 팔로 알토에 있다. 2002년 5월 컴팩과 합병했다.

통신 미래를 예견하다

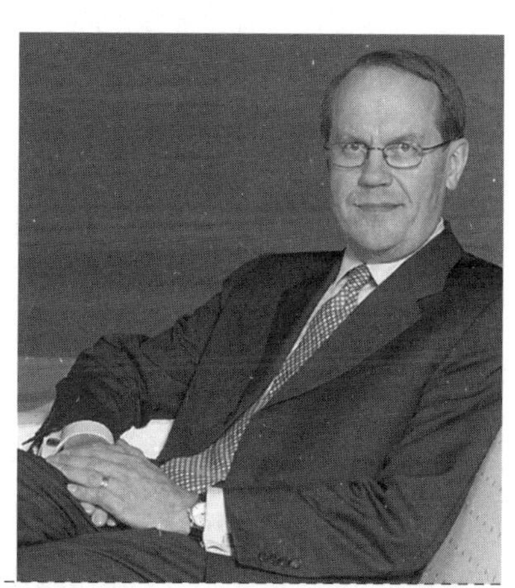

노키아(Nokia)

노키아는 세계 휴대폰 시장의 40% 가까이 차지하고 있는 세계 최고의 통신 업체다. 노키아는 인구 520만 명 소국인 핀란드에서 전체 수출 32%, 연구 개발 투자 20%, 헬싱키 증시 시가 총액의 65%를 차지한다.

1865년 시골 마을 제지 회사로 출발한 노키아는 당시 목재, 고무, 금속, 화학, 전자, 통신 등 20여 개 계열사를 거느린 문어발 그룹이었다. 1992년 '유럽의 잭 웰치'로 불리는 요르마 올릴라 회장이 최고경영자로 취임한 뒤 정보 통신 쪽에만 집중했다. 연간 매출은 300억 달러.

노키아의 요르마 올릴라 회장(53)의 몸매가 요즘 들어 더 단단해졌다. 일 주일에 적어도 3일 이상 아침마다 테니스를 치는 그에게서 50세를 넘긴 나이를 찾아볼 수 없다. 그 스스로도 전에 없이 건강하다고 자신한다.

그의 젊어 보이는 외모만큼이나 노키아 실적도 전에 없이 눈부시다. 노키아는 2001년 세계 휴대폰 시장에서 37%라는 놀라운 점유율을 보였다. 19.5%로 2위를 기록한 모토롤라와는 거의 2배가량의 격차다. 삼성전자 휴대폰은 순위로는 4위지만, 점유율 7.5%로 노키아의 5분의 1에도 미치지 못한다.

게다가 모토롤라와 에릭슨은 1997년 이래 급격한 시장 점유율 하락세를 보이는 반면, 노키아는 꾸준히 시장 점유율을 늘리고 있다는 점에서 장밋빛 미래가 보이기도 한다. 국내에서도 노키아는 외국 기업 가운데 매출 순위로는 늘 1위를 달린다. 그렇다면 그 비결이 뭘까.

2001년 휴대폰 업계는 최악의 불경기를 맞았다. 휴대폰 시장이 형성된 이래 처음으로 매출 감소(6%)를 기록했을 정도다. 그러나 노키아는 9% 이상 매출 신장 실적을 올리며 독보적인 위치로 자리매김했다. 2001년 영업 이익이 48억 달러에 달했고 20%가 넘는 매출 대비 이익률을 자랑한다.

최근에는 스마트폰 시장에서 마이크로소프트와 한판 대결을 준비하고 있다. 이쯤 되니 세계 유수의 경제 전문지들은 노키아를 조명하고 나섰다. 사실 노키아를 조명했다기보다는 올릴라를 부각시켰다고 보는 편이 맞을 것이다. 세계는 그의 경영술에 대해 놀라움을 금치 못하고 있다.

철저한 브랜드 관리

승승장구의 첫 번째 원인은 브랜드에서 발견할 수 있다. 세계에서 가장 브랜드 가치가 높다고 평가받는 기업은 코카콜라지만 노키아의 브랜드 파워도 만만찮다.

노키아 브랜드가 급상승한 것은 1994년 뉴욕증시 상장 이후다. 올릴라는 미국에서라면 상장이 최고의 홍보 효과를 가져다준다고 확신했다. 주가 정보가 일반인은 물론 미디어 관심을 끌 수 있다는 점을 간파했던 것이다. 그는 2001년 전체 매출의 3%에 이르는 9억 달러를 광고비에 쏟아 부었을 정도로 브랜드 관리에 신경을 쓴다.

이런 노력 덕분에 노키아는 『비즈니스위크』가 내놓은 브랜드 가치 평가에서 제너럴일렉트릭(GE), 인텔과 비슷한 7위를 기록했다. 같은 통신 업체인 에릭슨(36위)이나 모토롤라(66위)는 비교 대상도 안 된다.

올릴라는 한 국외 경제 주간지 인터뷰에서 "높은 브랜드 인지도

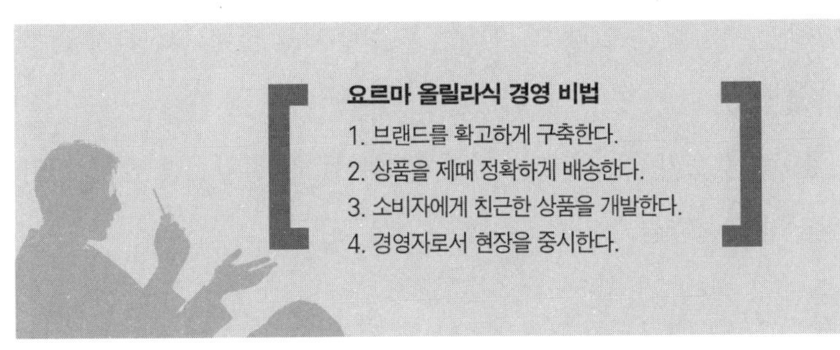

가 매출에 결정적인 영향을 끼치고 있다"고 밝혔다.

정확한 생산 관리와 고객 욕구 파악

또 다른 비법을 하나 더 찾아보자. 정확한 생산 관리도 주목해 볼 만하다. 휴대폰은 마이크로칩에서 배터리까지 복잡하고 많은 부품을 포함한다. 이 중 하나라도 제때 공급되지 못한다면 생산 기일을 맞추기 어렵다. 업체들의 고민도 여기에 있다.

1995년 일부 부품을 조달하지 못해 크리스마스 대목을 망친 경험이 있는 노키아는 이제 정확한 때 정확한 상품을 전달하는 것으로 유명하다.

다음 이야기는 대표적인 사례이다.

2000년 3월 노키아와 에릭슨의 부품을 동시에 생산하는 공장에서 불이 났다. 이때 에릭슨은 보완 생산 기지가 없어 17억 달러의 손실을 입은 반면, 노키아는 네덜란드, 일본, 미국 공장에서 긴급히 부품을 들여와 위기를 넘겼다.

그리고 기발한 상품을 선보인다는 점도 노키아가 경쟁사를 물리칠 수 있는 비법으로 손꼽힌다. 과거 핸드폰은 검정색이 불문율처럼 되어 있었다. 하지만 고객이 원하는 건 다양한 색상의 핸드폰이었다. 노랑, 빨강, 파랑 등의 핸드폰을 출시해 노키아는 시장을 장악해 나갔다.

1993년 노키아는 핸드폰 시장에 뛰어든 지 불과 2년 만에 23억 달러의 순이익을 올리기까지 했다.

현장을 중시하라

마지막으로 하나 더 꼽아 보자. 1992년부터 노키아를 맡아 핀란드를 '노키아랜드(Nokialand)'로 일구는 올릴라는 현장을 중시한다. 다음은 현장을 중시하는 그의 말이다.

"10만 명의 직원을 이끄는 최고경영자는 부담스럽다. 직원들과 직접적인 교감을 가질 수 없기 때문이다. 경영자가 현장에서 멀어지면 그 회사는 반드시 어려움에 부닥친다."

올릴라가 입사한 1980년대 중반 노키아는 펄프, 종이, 고무 등을 만드는 평범한 제조 업체에 불과했다. 1980년대 들어서 조금씩 텔레비전, 소형 컴퓨터 등 사업 다각화를 통해 변신을 시도했다. 하지만 실패했고 사장이 자살하는 사태까지 벌어졌다.

1992년 1월 시티은행에 근무하던 올릴라가 영입되었고, 그는 통신 산업이 21세기를 선도할 것이라는 확신 아래 핸드폰 시장에 진출했다. 당시 축적된 기술도 없이 완전히 새로운 분야에 도전했던 것이다. 무모한 짓이라는 비아냥거림도 있었다.

하지만 그는 회로 설계에서부터 생산, 심지어 판매까지도 아웃소싱했다. 당시로서는 누구도 엄두를 내지 못했던 혁신적인 방법이었다.

신차는 소비자 입맛에 맞춰라

푸조(Peugeot)

PSA푸조시트로엥 그룹의 모태는 1896년 아르망 푸조가 만든 '푸조자동차' 다. 푸조는 벤츠 다음으로
긴 역사를 자랑한다. 푸조는 1974년 시트로엥을 합병해 1976년 지주회사격인 푸조시트로엥을 설립한
뒤 1980년부터 현재의 명칭으로 불리고 있다. PSA푸조시트로엥 그룹은 2002년 326만 7,000여 대의
차량을 판매했다. 매출은 529억 유로. 유럽 2위, 세계적으로는 6위 자동차 생산 업체다. 푸조는 디젤 엔
진 분야에서 강점을 갖고 있다. 저연비 자동차 개발도 앞서 있다. 2001년 '120g Car' 를 만들어 호평을
얻었다(120g은 주행거리 1km당 CO_2 배출량을 의미하는데 100km를 3리터로 갈 수 있는 차다).
2008년까지 '90g Car' 개발을 서두르겠다고 밝히고 있다.
자동차 경주 대회에서도 두각을 나타내 1999년부터 3년 연속 WRC(World Rally Championship)에
서 우승을 거머쥤다. 본사는 프랑스 파리에 있다.

뤽 베송의 영화 '택시'를 보면 푸조 '406택시'의 활약상이 두드러진다. 주인공은 푸조 차를 타고 벤츠 차를 탄 독일 갱단을 멋지게 소탕한다.

영화가 미래를 예언할 것일까. 요즘 잘나가는 푸조시트로엥을 보면 이런 영화의 모습이 그대로 적용된다. 단연 폴츠 회장의 탁월한 경영 능력이 화제다.

푸조는 1999년까지만 해도 연간 210만 대 매출 규모에 불과했다. 하지만 2001년 푸조는 300만 대 매출을 넘어섰다. 서열로 평가하자면 세계 6대 자동차 메이커다. 시장 점유율도 높아졌다. 유럽 시장 점유율이 11.8%에서 14.8%로 올랐다. 순익도 12억 달러에 달하는 '알짜' 성장이다. 특히 세계 최대 시장인 미국을 제외한 다른 지역에서의 성과가 눈에 띈다는 점에서 인정받을 만하다.

소비자를 중심에 두다

성장에는 늘 그 동력이 존재한다. 다른 말로 표현하면 경영진의 뛰어난 전략과 리더십이라 하겠다. 푸조를 알짜 회사로 만들었지만 정작 폴츠 회장은 자동차 문외한이다. 알루미늄 회사와 설탕 회사를 경영한 경력만 갖고 있다.

그래서 1997년 말 폴츠가 자크칼베 회장의 뒤를 이어 CEO에 올랐을 때 많은 사람들이 의외로 받아들였다. 일부 유럽 언론은 '엄청난 도박'이라고 그를 신뢰하지 않았다. 폴츠가 이전 회사에서 뛰어난 경영 성과를 거뒀는데도 말이다.

유럽 언론들의 지적은 '복잡한 자동차 산업에서는 아무리 뛰어난 경영자라도 2년 경험으로는 성공할 수 없다' 는 얘기였다. 하지만 그 평가는 오래가지 못했다. 그가 늘 주창했던 키워드는 '소비자' 다. 고객 욕구에 맞춘 신 모델이 회사를 키울 수 있다는 것이다. 이러한 믿음을 바탕으로 그는 구조 조정 비책을 풀어 나갔다.

구체적인 그의 구조 조정을 살펴보자.

첫 번째가 비용 절감 정책이다. 그는 하나의 차량 생산 골격에 다양한 디자인을 적용시켰다. 디자인을 바꾸는 것은 차량 생산 골격을 바꾸는 것보다 비용을 절감할 수 있다. 그는 신차 시판 비용을 60%나 줄였다.

또 도요타, 피아트, 르노, 포드사와 합작 법인을 통해 엔진과 자동차, 디젤 차를 공동 생산한다. 특히 기름값이 비싼 유럽에서는 디젤 차에 주력한 폴츠 회장의 정책이 맞아떨어졌다. 현재 유럽에서는 디젤 차, 미국에서는 가솔린 차가 주를 이룬다.

건전한 경쟁 정책도 먹혀들었다. 푸조시트로엥은 말 그대로 푸조와 시트로엥 두 메이커다(우리 나라의 현대기아차가 현대와 기아라는 두 브랜드로 움직이고 있는 것과 같다). 그는 이들에게 경쟁을 붙였다. 라이벌 의식이 생기면서 둘 다 품질이 좋아졌다(우리 나라의 경우 현대차와 기아차는 점유율 차이가 크기 때문에 상대적으로 라이벌 의식은 약한 편이다).

그가 인사 전문가였다는 점도 기억할 만하다. 기업의 생사는 어떻게 인재를 육성하고 활용하느냐에 달려 있다는 점을 다시 한 번 상기시켜 준다. 그는 2만 5,000명에서 4만 명 사이의 임시직을 적절히 운영하면서 19만 5,000명의 정직원을 무리 없이 이끌었다. 인력의 고령화를 막기 위해 조기 퇴직자에겐 보너스를 지급한 것도 그의 아이디어였다. 직원 사기 진작을 위해 이익금 1억 7,000만 달러를 아낌없이 직원에게 줄 수 있었던 배포도 회사를 키운 요인이다.

중국 시장에서 승부수를 띄운다

화제를 돌려보자. 그가 최근 관심을 갖는 분야가 있다. 바로 중국이다. 중국 시장이 전 세계에서 유일하게 남은 자동차 황금 시장이라는 데 이견을 보이는 사람은 없다. 푸조는 1992년 등펑자동차와의 합작으로 중국에 들어왔지만 재미를 못 봤다. 결국 사업을 대폭 축소한 채 중국을 떠나야 했다. 그러나 2001년 우한 공장에 대한 대대적인 투자를 시작으로 다시 중국에서 공격적인 영업을 다짐하고 있다. 푸조와 등펑자동차가 합작해서 만든 선룽자동차는 우한에 자리잡은 회사다.

우한은 온통 '푸캉' 물결이라고 한다. 푸캉은 시트로엥사가 개발한 자동차로, 시라크 전 프랑스 대통령이 타고 다녀 유명해진 차다. 이 차는 우한뿐 아니라 중국 전역에서 인기가 높다. 하지만 아직까지 푸조 시장 점유율은 초라한 수준이다.

중국에서만큼은 폴크스바겐의 아성이 굳건하다. 2001년 기준으로 시장의 절반 이상이 폴크스바겐 차지다. 푸조는 7.4%로 4위권에 불과하다. 중국 시장에서 폴츠가 추구하는 바는 소비자에 맞춘 신차 출시다. 그는 자신한다. "향후 3년 내 시장 점유율을 15%까지 높이겠다"고. 우한 공장 생산 능력이 뛰어나기 때문에 폴츠의 전략이 겸비되면 못할 것도 없다는 게 전문가들의 분석이다. 그러나 중국 시장은 가격을 낮추는 저가 경쟁이 치열해 공략하기에 결코 만만치 않은 시장으로 지적되고 있다.

　폴츠는 유럽에서 '제2의 잭 웰치'로 각광 받는다. 푸조는 결코 사치스럽거나 화려하지 않다. 대신 신뢰감은 확실하게 준다. 그 이름만 들어도 '사자처럼 강인한 힘과 품질, 신뢰'가 떠오른다. 폴츠가 내세우는 자랑거리는 혁신 정책과 성실성이다. 분명 기대해도 좋을 인물인 것이다.

닛산의 회생,
일본 열도를 흔들다

카를로스 곤(Carlos Gohn)

레바논인 아버지와 프랑스인 어머니를 둔 브라질 태생이다. 프랑스에서 고등학교와 대학을 마쳤다. 대학 졸업 뒤 타이어 메이커 미쉐린에 입사해 1989년 최연소 북미지역담당사장에 올랐다. 1996년 미쉐린에서 르노자동차로 자리를 옮긴 뒤 르노 최고영업책임자(COO) 자리까지 맡았다. 1999년 3월부터 닛산자동차를 맡았다. 그는 2005년 현 슈웨이저 르노그룹 회장 겸 CEO 후임으로 오를 듯 보인다. 르노는 닛산자동차의 최대 주주(36.8%)다.

카를로스 곤(49). 그는 일본의 영웅이다. 비록 프랑스인이지만 한국의 히딩크처럼 추앙 받고 있다 해도 지나친 말이 아니다. 세계 유수의 언론들이 그를 가장 영향력 있는 CEO로 꼽는 데 주저하지 않는다(워낙 유명한 탓에 그에 관한 책도 많이 나왔다. 곤 자신도 자서전을 냈다. 이렇게 다시 언급하는 것은 커다란 산에 돌을 하나 더 얹는 기분이다).

한 마디로 말해 그는 부실 덩어리 닛산자동차를 살렸다. 1999년 그가 최고경영자로 취임했을 때 6,800억 엔의 적자와 2조 엔의 부채라는 멍에를 짊어졌지만, 2001년 상반기만에만 2,480억 엔(연결영업이익)이라는 흑자를 기록했다.

계획보다 2년 앞당겨 회생

그는 취임 당시 5개년 계획으로 닛산리바이벌플랜(NRP)을 내걸었다. 이를 2년이나 앞당겨 실행했다. 2004년 부채 제로는 가시권

에 들어온 셈이다. "일본을 모르는 외국인 경영자가 일본 문화가 숨쉬는 닛산을 어찌 살려낼 수 있겠느냐"는 비아냥거림도 물리치고 말이다.

그는 이제 분명히 확언한다. "닛산의 리바이벌은 끝났다. 이젠 가치를 높이겠다."

결과가 있으면 분명 원인이 있다. 그는 가혹하리만큼 혹독한 구조 조정을 단행했다. 그의 구조 조정을 몇 가지로 정리해 보자.

우선은 과감한 비용 절감이다. 이를 통해 생산성과 효율성을 높이겠다는 점이다(이제 자동차 기업을 두루 살펴보면서 독자들은 몇 가지 공통된 구조 조정 방안을 느꼈을 법하다. 기업이 살아나려면 돈을 아껴야 한다는 점이다. 보통 기업은 잘나갈 때 덩치를 키운다. 쓸데없는 비용도 많이 들게 된다. 어려울 때 다시 기본으로 돌아가는 마음, 그것은 허리띠를 졸라매는 데서 출발한다).

비용을 줄이려면 우선 불필요한 인원을 없애야 한다. 그는 그룹 전체에서 2만 1,000명을 감원했다.

무라야마 공장, 닛산 차체 교토 공장 등 부실 공장도 5곳이나 폐쇄하고 근로자들을 다른 공장에 재배치해 공장 가동률을 74%까지 끌어 올랐다. 항공 사업, 부동산, 주식의 매각을 추진했다. 부동산 매각액은 5,300억 엔에 이른다.

2년 간 전체 판매 회사의 10%에 해당하는 355개 점포를 없앴다. 일본 내 판매 대행사도 98개사에서 80개사로 줄였다. 20% 가격 인하 요구에 응하지 않는 부품 회사 가운데 500개를 쳐냈다.

도살자라는 별명을 얻기도

워낙 과감하게 진행하다 보니 구조 조정 과정에 일본 언론들은 말이 많았다. 그를 두고 '피도 눈물도 없는 인간'이라고 떠들어댔다. 이 무렵 그에게는 '도살자'니 '코스트커터(원가삭감기)'라는 별명도 붙었다.

어떤 구조 조정이든 채찍만 든다면 성공할 수 없다. 직원들의 인심이 떠나가기 때문이다. 그의 양면 전략은 보상 정책이다. 인센티브제를 확고히 다졌다. 보상 제도는 직원들에게 자발적인 참여를 유도할 수 있다는 강점이 있다. 그는 "의욕이 회사의 가장 가치 있는 자원"이라고 말할 만큼 직원들의 의욕살리기에 앞장섰다. 인재를 등용할 때도 일본 방식인 연공서열제를 과감히 폐쇄했다.

현장을 중시해 언제라도 직원들을 만났다. 사장이 그들과 함께 숨쉬고 있다는 점을 몸소 보여 준 것이다. 이런 행동이 바탕이 되면서 상호 존중의 기업 문화로 체질 개선을 이뤄 낼 수 있었다.

그의 비법을 한 가지 더 꼽아 보자. 그에게는 다양한 임무를 수행할 수 있도록 꾸려진 '크로스 펑셔널 팀(Cross Functional Team, CFT)'이 있었다. 이 팀이 개혁의 핵심에 섰다.

곤은 처음 부임했을 때, 일이 잘못돼도 책임지는 사람이 없다는 사실에 놀랐다. 직원들은 다른 경쟁 업체들이 성장하고 있다는 사실을 간과한 채 오히려 엔화 강세나 일본 경제 약화를 닛산의 추락 원인으로 돌리기도 했다.

곤은 이와 같은 안일함과 책임떠밀기에 칼날을 댔다. 그는 회사 전 부문에서 노련한 정예 직원 9명을 뽑아 이 팀을 만들었다. 부서

간 교류로 장벽부터 없애자는 얘기다. 그는 세계 최고 기술을 가진 닛산이 무너진 이유를 파벌주의로 봤다.

행정 조직도 카를로스 곤 열풍

이젠 기업뿐 아니라 행정 조직에서도 곤의 개혁 모델을 받아들이고 있다. 일본 미에 현은 첨단 산업 기지로 변화하겠다는 기치를 들고, 닛산의 CFT 모델을 받아들였다. 기타가와 현 지사는 곤과 만난 뒤 그의 정신이 미에 현을 바꿨다고 공공연히 말한다. 다나카 히로시 요코하마 시장도 곤의 경영 방식을 받아들여 닛산 리바이벌 플랜(NRP)과 비슷한 요코하마 리바이벌 플랜(YRP)을 세우기도 했다.

곤은 2004년까지 세계 시장 점유율을 6.1%까지 높이겠다는 신 장기 계획 '닛산 180'을 발표했다. 부실을 털어내는 데 주안점을 뒀던 경영 전략을 180도 바꿔 성장 위주 경영을 하겠다는 뜻이다. 그의 호언장담이 지금처럼 계속 이어질지 세계가 주목하고 있다.

닛산(Nissan)

닛산은 도요타와 함께 일본 자동차를 이끌었다. 닛산의 뿌리는 1914년으로 거슬러 올라간다. 카이신샤 설립자 하시모도가 만든 순수 국산차 1호 닷토가 그 시작이다. 1931년 당시 일본 재벌 도바다 회장이었던 아유가와 요시스케가 닷토를 인수했고, 1934년 현재의 닛산이 출범했다.

닛산은 1966년 멕시코 공장 건설을 시작으로 세계적으로 사업을 확장하고자 했으나 1990년대 도요타에 밀리고 장기 불황이 지속되자 1999년 르노(36% 지분)와 손잡았다. 1999년 영입된 카를로스 곤이 '닛산 회생 계획(Nissan Revival Plan)'을 내놓아 성공을 거뒀다. 2002년 기준으로 연매출은 6조 5,000억 엔에 이른다. 본사는 일본 도쿄. '사람들의 삶을 풍요롭게 하자'는 비전을 갖고 있다.

GE서 버림받고
3M에서 성공

3M(Minnesota Mining & Manufacturing Company)

스카치테이프와 포스트잇으로 잘 알려진 3M은 1902년 창업해 미국 500대 기업 중 126위(2002년 『포춘』 선정)에 올라 있는 대기업이다. 1902년 미국과 캐나다의 국경인 투하버스에서 5명의 사업가가 설립했다.

생활용품에서 의료용품, 통신 케이블, 청진기에 이르기까지 6만여 종의 제품을 생산하고 있다. 미국 내에서는 대다수 기업에서 3M 제품을 사용하기 때문에 전체 경제의 척도로 해석되기도 한다. 최근에는 첨단 기술 제품과 의료용품에 주력하고 있다. 현재까지 3M은 총매출의 30%는 지난 4년간 개발된 제품에서 나오게 한다는 원칙이 확고히 지켜지고 있다. 이 현상은 3M이 연구 개발을 중시하는 풍토이기 때문에 가능한 것인데, 총매출액의 약 10%를 연구개발비로 지출하고 있다. 연구 직원은 약 7,000명에 달하는데, 이 중 5,000명 정도가 미국에서 근무하고 있다. 해외 연구소로서는 일본 스미토모3M 연구소가 제일 크다(연구 인력 500여 명).

　2001년 사람들은 맥너니를
위로했다. 18년 동안 GE에 혼
신의 힘을 다 바쳤건만, 최종 순
간 잭 웰치는 맥너니 대신 이멜
트를 택했다. 실력이 부족해서
가 아니었다. 단지 맥너니보다
이멜트가 잭 웰치의 코드에 더
가까웠을 뿐이다.

　맥너니는 더 이상 GE에 남아 있을 수가 없었다.

　당시 3M은 매출과 순익이 정체돼 있었다. 1980년대의 거대 공
룡 IBM과 비슷했다. 3M은 100년 역사상 처음으로 정체된 조직
에 충격을 가할 외부 인사를 찾고 있었다. 때마침, 잭 웰치 밑에서
제대로 실력을 쌓은 맥너니가 적임자였다. 결국 맥너니는 와신상
담하며 3M에 새 둥지를 틀었다.

　하지만 맥너니는 첫 회의부터 적잖이 놀랐다. 3M은 GE와는 딴
판이었기 때문이다.

　"Are we the only ones wearing suits?(정장 입은 사람이 우리
뿐입니까?)"

　임원들은 정장 차림으로 근무했지만 일반 직원들은 캐주얼 차림
으로 근무했던 것이다. 전임 회장 드시몬의 흔적이 역력히 드러나
는 모습이었다. 드시몬은 가능한 한 직원들을 해고하지 않았고 자
유분방하게 방임했다. 그 결과 자유가 지나쳐 분위기가 많이 흐려
졌으며, 성장률 역시 1990년대 내내 1.5% 정도의 낮은 수준에 머

물렀던 것이다.

GE식 경영 기법 도입

맥너니는 취임 직후 과감히 칼을 들었다. 임직원 7만 5,000명 중 6,500명을 줄여 영업 비용 5억 달러를 절약했다. 또 재고 감소와 효율적인 관리를 통해 6억 7,000만 달러를 줄였다. 생산품의 불량률을 최소화하는 6시그마 운동도 펼치고 구매 비용을 낮추기 위해 회사용 소모품을 일괄 구입했다.

또 맥너니 자신이 P&G에서 근무하면서 익힌 고객 만족 경영을 영업사원들에게 귀가 따갑도록 주입시켰으며, 항상 고객 입장에서 생각할 것을 강조했다. 그리고 책임자들이 과다하게 배치되어 있던 납품 업체들(홈데포, 월마트, 포드, P&G)의 경우 한 명의 책임자만 두어 효율적으로 관리토록 했다. 이런 과감한 수술 덕분에

3M은 2002년 수익이 전년에 비해 38%나 증가했다.

이뿐만이 아니다. 그는 GE 출신답게 기업 인수에도 적극적이었다.

코닝의 자회사인 프리시전 렌즈를 8억 5,000만 달러에 인수했다. 빠르게 성장하고 있는 40인치 이상 대형 TV 시장에 고품질 렌즈를 공급할 수 있는 기술력을 확보하기 위해서였다.

일본 현지 법인인 스미토모3M은 일본 전자 회사 NEC로부터 3억 7,500만 달러 규모의 지분을 매입했다.

맥너니는 여기에 만족하지 않는다. 그는 "10년 안에 지금 실적의 두 배를 달성하겠다"고 취임 일성을 밝힌 바 있는데, 의료용품 시장에서 그 돌파구를 찾으려고 한다. 현재 회사 전체 매출의 22%를 차지하는 의료용품 부문을 40%까지 확대한다는 방침이다.

맥너니는 미국 사회가 고령화 사회로 접어들면서 120억 달러에 이르는 치과 의료용품 시장이 앞으로 10년 안에 210억 달러 규모로 성장할 것이라는 점을 간파한 것이다. 이를 위해 3M은 불화 물질 개발에 회사 역량을 집중시키고 있다.

저부가가치였던 단순 의료용품 사업도 업그레이드시킬 예정이다. 사실 그동안 3M 제품은 피부용 반창고, 흡입용 마스크 등 저

마진 상품이 대부분이었다. 하지만 앞으로는 마진율이 높은 치료제 개발에 몰두할 계획이다. 현재 세인트 폴 연구소에선 호흡 질환, 심장혈관 질환, 피부 질환 치료제 개발이 한창이다.

경제 전문지 『포브스』는 올해 초 "맥너니의 구조 조정 덕분에 3M이 승승장구하고 있다"며 "의료용품 시장에서 3M 매출이 늘어날 경우, 맥너니가 장담한 연평균 7% 성장이 가능할 수도 있다"고 전한 바 있다.

한편, 2001년 화려하게 등장했던 이멜트 GE 회장은 요즘 그다지 행복하지 못한 것 같다. 아직 잭 웰치의 그늘에서 벗어나지 못했으며 확실한 경영 능력을 보여주지 못하고 있다는 평이다. 취임 전보다 주가도 30%나 떨어졌다.

2부

경영 혁신에 앞장선 기업

최대한 굽히고 비위 맞춰라

맥도날드 (Mcdonald)

맥도날드는 1940년대 딕 맥도날드와 모리스 맥도날드 형제에 의해 처음 문을 열었다. 그 뒤 레이 크록에 의해 비약적인 발전을 하게 된다. 1967년 해외 진출을 하고 1990년에는 러시아 모스크바까지 파고 들었다. 현재 연간 매출이 360억 달러에 이르고 미국 일리노이에 본사가 있다. 주요 제품으로는 햄버거, 프렌치프라이, 너겟 등이 있다. 최근에는 잭 그린버그 회장이 실적 악화의 책임을 지고 사임하는 등 회사 분위기가 전반적으로 침체되어 있다. 후임자인 제임스 칸탈루포는 새로운 전략으로 옛 맥도날드의 영광을 재현하려고 하고 있다.

사례 1 인도네시아에서 반미 시위가 한창이던 2001년 10월. 맥도날드 직원들은 이슬람교도 전통 복장을 입고 손님을 맞았다. 남자 직원은 '페치'라는 전통 모자를 쓰고 여자 직원들은 머리에 숄을 걸쳤다. 이유는 미국의 아프가니스탄 공습 이후 급속히 확산된 반미 시위의 공격을 피하기 위해서다. 이 방법으로 자카르타에 있는 맥도날드 체인점들은 한 번도 시위대의 공격을 받지 않았다.

사례 2 한국에서 반미 시위가 절정이던 2002년 겨울. 맥도날드가 내놓은 브랜드 광고는 이전 것과 아주 다르다. 광고 아래쪽에 "한국 점포의 모든 임직원은 한국인"이라는 자막이 흐른다. 그동안 한국적인 메뉴를 끊임없이 개발해 왔다는 점과 장애인, 노인들을 차별 없이 고용한다는 점을 부각시켰다.

사례 3 프랑스 여성 잡지에 실린 맥도날드 광고에는 "어린이는 주 1회만 오세요"라는 문구가 있다. 영양에 불균형이 올 수도 있다는 식품영양사의 말이 곁들여 있다. 그러면서 은근히 맥도날드 햄버거는 100% 진짜 쇠고기로 만들어졌으며 첨가 기름을 사용치 않는다는 점을 강조한다.

이 밖에도 맥도날드의 비위맞추기와 현지화 노력은 수도 없이 많다. 한국에서는 김치버거와 불고기버거를, 쇠고기를 먹지 않는 인도에서는 채소 햄버거를 내놓았다. 맥주의 나라 독일에서는 세계 최초로 매장 내에서 맥주를 판매하기도 했고, 노르웨이에서는 북해산 연어를 이용한 연어 샌드위치를 개발했다.

미국 경제 잡지 『비즈니스 2.0』은 맥도날드가 성공한 이유를 최대한 굽히고 비위를 맞췄기 때문이라고 평가한다. 세계 121개국에 3만여 개의 매장을 가지고 있는 맥도날드는 코카콜라와 함께 미국 문화의 상징으로 여겨진다. 아프리카, 러시아, 중국에 이르기까지 맥도날드가 진출하지 않은 곳이 없다. 맥도날드의 현지화 노력은 다국적 기업들에게 좋은 사례가 되고 있다.

하지만 최근 맥도날드의 노력은 '선택'이 아니라 피할 수 없는 '의무'로 여겨지는 분위기다. 그만큼 사정이 어렵다.

우선, 너무 많은 미움을 받고 있다. 맥도날드는 다른 패스트푸드점에 비해 유독 팍스 아메리카(pax-americana)와 자본주의의 상징으로 각인되어 왔다. 이러한 상징성 때문에 걸핏하면 점포가 습격당하거나 폭파당하고 있다. 게다가 그린피스, 소비자 운동가, 동

맥도날드화

'맥도날드화(McDonaldization)'라는 단어는 최근 논술과 면접을 준비하는 고3 수험생들에겐 낯이 익다. 2000년과 2001년 연세대, 고려대 논술 시험에 출제되기도 했다.

맥도날드화란 효율성, 계산 가능성, 예측 가능성, 계량성, 무인 기술로의 대체라는 특성으로 요약될 수 있는 패스트푸드점의 원리가 서비스, 교육, 레저, 정치, 종교에 이르기까지 사회 전 분야에 광범위하게 확산되어 가는 과정을 말한다.

그동안 우리는 맥도날드화의 이점을 많이 누려 왔다. 이 시스템으로 인해 보다 많은 사람들이 다양한 상품과 서비스를 손쉽게 빨리 이용할 수 있게 되었다. 또 모든 제품이 수량화됨으로 인해 소비자들은 경쟁 품목과 좀더 쉽게 비교할 수 있게 되었다.

문제는 지나친 합리성의 강조와 그것으로부터 발생되는 비인간성이다. 비판론자들은 "맥도날드화의 논리에 충실할 경우, 인간은 요람에서 무덤까지 합리성의 끊임없는 지배에 시달릴 것"이라고 전망한다. 이른바 합리성의 불합리성(Irrationality of rationality)이다.

『맥도날드 그리고 맥도날드화』의 저자 조지 리처는 그의 책 맨 마지막 구절에 딜런 토머스의 시구를 인용해 이렇게 경고했다.

"그 좋은 밤 속으로 순순히 들어가지 말라. 빛의 소멸에 분노, 또 분노하라."

물권익보호론자, 국수주의자, 환경보호론자 등 여러 3섹터들로부터 공공의 적으로 내몰리고 있다.

둘째, 사람들이 햄버거를 '비(非)건강'의 상징으로 여기기 시작했다. 각종 인공 조미료와 성분도 불확실한 고기로 만든 햄버거는 비만의 주범이 되어 버렸다. 2002년에는 뉴욕의 청소년들에게 비만을 조장했다는 이유로 법정에 서는 수모를 당하기도 했다. 실제로 미국에서는 잡곡빵, 유기농 햄 등을 사용해 건강 마케팅을 앞세운 샌드위치 체인 '서브웨이'가 선호도 면에서 패스트푸드점을 추월했다.

셋째, 사람들의 기호가 변했다. 맥킨지 보고서는, 소비자들은 거실처럼 안락한 매장에서 즐길 수 있는 슬로우푸드(Slow food)를 원하지, 햄버거 매장의 딱딱하고 불편한 의자에서 급하게 식사하는 것을 원치 않는다고 분석했다. 따라서 맥킨지는 "전 세계 패스트푸드 산업이 매년 1% 성장하는 데 그칠 것"이라는 암울한 전망을 내놓았다.

넷째, 매출이 줄자, 가격 경쟁도 치열하다. 버거킹은 2002년 9월 치즈버거 등 11개 품목의 가격을 99센트로 일괄 인하했다. 이에 대응해 맥도날드도 8개 품목을 1달러로 책정했다. 업체 간 가격 경쟁은 업계 존립을 스스로 무너뜨리는 제살깎기 경쟁으로 치닫고 있다.

이런 모든 요인들이 복합적으로 작용해 최근 맥도날드 성적은 엉망이다. 2002년 4/4분기에는 1965년 상장회사로 등록된 이후 37년 만에 처음으로 분기 손실을 기록했다. 분기 손실 규모도 주당 27센트나 되었다. 주가도 1년 전에 비해 무려 40%나 떨어진 16달러 선에서 맴돌고 있다.

중국, 러시아에 주력하고 사업 방향 대전환

현 사태와 관련해 잭 그린버그 회장이 책임을 지고 사임하고, 전임 사장이던 제임스 칸탈루포가 다시 돌아왔다. 그는 "인력 감축, 점포 정리 등 전면적인 구조 조정과 사업 방향 대전환으로 새로운 돌파구를 만들어 가겠다"고 맥도날드의 부흥을 다짐했다.

10개국 175개 해외 매장을 폐쇄하고 일부 시장에서는 완전 철수하기도 했다. 중동, 남미 지역 4개 사업부의 직판 체제는 라이센스 계약으로 전환했다. 규모를 줄여 2003년에는 600개 정도만 신규 개점하기로 했다.

비(非)햄버거 업체에 대한 인수 합병도 활발하다. 보스턴마켓의 성공적인 인수로 짭짤한 재미를 본 맥도날드는 요즘 잘나가는 퀵 캐주얼 체인인 키포틀 멕시칸 그릴과 프렛매니저의 지분을 인수했다. 매튜 폴 CFO(최고재무담당자)는 "맥도날드의 사업에 잠재적으로 영향을 줄 만한 1,000여 개 비햄버거 업체들을 지켜보고 있다"고 밝혔다.

한편, 가능성이 보이는 시장은 확실히 밀어주자는 '선택과 집중' 전략을 택하기로 했다. 바로 중국과 러시아 시장 확장 전략이다.

맥도날드는 1990년 러시아에 진출한 이후 급성장을 거듭해 패스트푸드 업계 1위로 올라섰다. 2003년 러시아 투자 규모를 2002년 2,500억 달러에서 40% 늘어난 3,500억 달러로 늘려 잡았다. 중국도 마찬가지다. 1990년 중국 선전에 진출한 이래 현재 450개의 점포를 운영하고 있다. 맥도날드는 매년 중국 전역에 100개씩 점포를 증설할 계획이다.

가장 모범적인
경영학 사례로 남아라

네슬레 (Nestle)

1867년 스위스 화학자 앙리 네슬레에 의해 설립된 네슬레는 우리에게 네스카페로 유명하다. 처음엔 분유 회사로 시작되었는데, 끊임없는 인수 합병으로 생수 회사, 냉동식품 회사, 제약 회사, 화장품 회사를 거느린 다국적 기업으로 성장했다. 연간 매출이 600억 달러에 이르고 전 세계적으로 23만 명을 고용하고 있다. 본사는 스위스 베른에 있다. 최고경영자 피터 브라벡은 공격적인 인수 합병으로 유명한데, 최근에는 허시초콜릿을 인수하려다 지역 주민들의 반발로 무산되었다.

아이스크림을 먹어도 체중이 늘어나지 않는다면? 아이스크림을 냉장고에서 꺼내 놓아도 지저분하게 흘러내리지 않고 유지된다면? 인스턴트 커피인데도 갓 볶은 커피 향을 간직하고 있다면?

누구나 한 번쯤은 꿈꾸어 봤을 상상들이다. 하지만 머지않아 이런 꿈들이 실현될 듯싶다. 바로 네슬레가 21세기 기업 생존 전략으로 아이스크림과 커피에 그룹 역량을 쏟아 붓고 있다. 스위스 베른에 위치한 네슬레 본사에서는 2010년을 목표로 한 단계 한 단계 현실화하고 있다.

전 세계에서 가장 글로벌화가 잘된 기업 네슬레. 네슬레는 경영학 교수들이 선호하는 회사이기도 하다. 조직과 인사 관리, 자금 운영, 브랜드 마케팅, M&A, 기업 윤리 등 경영학 수업 시간에 네슬레는 적절한 사례로 자주 거론된다.

네슬레의 탄생은 자못 진지하다. 1860년대 유럽에서는 산모가 영양 부족 등으로 모유가 나오지 않아 아기가 성장을 못 하거나 심지어 목숨을 잃는 경우가 많았다. 스위스 화학자 앙리 네슬레는 이를 안타깝게 여겨 아기들에게 엄마 젖 대신 먹일 수 있는 음식을 개발하기 위해 노력했다. 그 결과 1867년 모유와 비슷한 액체 성분인 '페린락테'가 개발되었다. 그리고 식품 회사가 제네바에 설립되었는데, 이 회사가 바로 네슬레다.

네슬레의 마크는 설립 이념을 잘 설명해 준다. 어미새와 아기새, 둥지로 이뤄졌는데, 이는 안전, 모성애, 자연, 가족 등을 의미한다.

역설적이지만 네슬레는 2차 세계대전으로 급속히 성장하였다. 추운 전쟁터에서 간편하게 마실 수 있는 뜨거운 네스카페는 언 몸을 녹이는 최고의 음료였다. 네스카페는 세계 각지에 주둔하는 미군의 주요 음료가 되었다. 이후 네슬레는 생수 회사, 냉동식품 회사, 제약 회사, 화장품 회사 등을 인수해 다국적 식품 회사로 성장했다.

네슬레의 가장 큰 장점은 철저한 현지화다. 미국인에게 네슬레가 어느 나라 기업인가 물었을 때 절반 이상이 미국 회사라고 답변했다는 사실은 성공적인 현지화를 잘 보여 준다.

식품 산업은 각국의 소비자들이 서로 다른 음식 문화를 가지고 있으므로 전 세계적으로 운영한다는 것이 상당히 어렵다. 네슬레는 제품 기획과 생산, 마케팅, 서비스에 이르기까지 전 과정을 철저히 현지화함으로써 글로벌화에 성공하였다. 현재 전 세계 500여 곳에 진출, 23만 명의 종업원을 고용하고 있다.

한국의 예를 들어 보자. 1979년 한국에 진출한 한국네슬레는 외국계 식품 회사로는 드물게 청주에 공장을 두고 있다. 이삼휘 사장의 설명은 음미해 볼 만하다.

"유럽 소비자는, 맛은 쓸쓸하지만 향이 풍부한 커피를 좋아합니

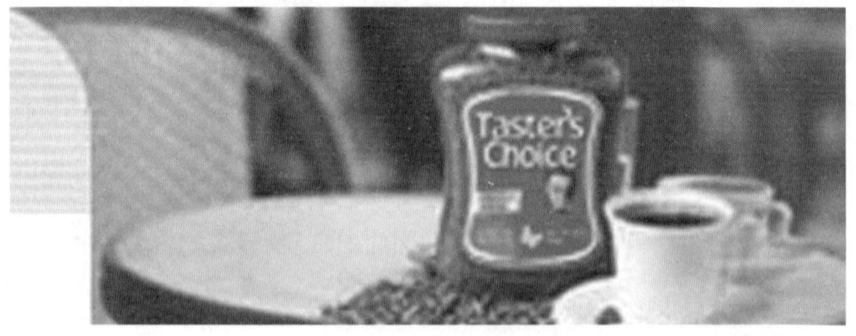

다. 반면 한국 소비자는 양립하기 어려운 부드러운 맛과 풍부한 향을 기대합니다. 한국네슬레는 본사의 지시를 최대한 한국 코드에 응용시킵니다. 이렇게 해서 한국 소비자 입맛에 딱 맞는 테이스터 초이스를 내놓게 된 겁니다."

『파이낸셜타임스』는 1999년과 2000년에 네슬레를 '기업의 글로벌화가 가장 발달된 기업'으로 선정한 바 있다.

두 번째 장점은 브랜드 파워이다. 이데이 노부유키 소니 사장은 한 인터뷰에서 "소니는 네슬레의 브랜드 마케팅을 벤치마킹했다"고 고백한 바가 있다. 네슬레는 일찍이 글로벌 브랜드 전략을 채택했다. 각국의 이질적인 시장 변화를 파악해 전 세계에서 통용될 수 있는 브랜드를 채택했다. 품질, 편의성, 소비자 만족도에서 차별성을 강조하는 상표로 기업 브랜드(coporate brand) 전략과 제품 브랜드(product brand) 전략을 균형 있게 잘 발전시켜 왔다는 평을 듣는다.

기업 사냥으로 미국 시장 굳히기

현지화와 브랜드 마케팅 외에 최근 네슬레가 자주 거론되는 면이 있다. 바로 끊임없는 M&A다. 1866년 설립돼 130여 년의 역사를 자랑하는 네슬레의 역사는 끊임없는 인수 합병으로 요약될 수 있다. 연간 매출 63조 원은 이렇게 해서 가능해졌다. 1929년 초콜릿 회사 피터 카일러, 1947년 알리멘타나, 1992년 생수 회사 페리에, 1998년 스필러 패트푸드까지 인수 합병의 역사다.

이러한 성장 전략은 최고경영자 피터 브라벡의 주도로 이뤄지고 있다. 그는 "회사에서 나의 역할은 자기 만족과 싸우는 일"이라며 인수 합병을 독려하고 있다.

그는 21세기 들어서 더욱 공격적으로 인수 합병에 몰두하고 있다. 주요 타깃은 미국 기업이다. 2001년 말에는 미국 최대의 애완동물 식품 회사인 랄스톤 퓨리나를 100억 달러에 매입했다. 그러더니 2002년 6월에는 미국 최대 아이스크림 업체인 드라이어스의 지분 67%를 26억 달러에 인수했다. 네슬레 측은 "세계 2위 아이스크림 업체인 네슬레가 미국 유통망을 장악하고 있는 드라이어스와 합치는 것은 미국 시장에서 입지를 강화해 세계 1위 아이스크림 업체인 유니레버를 압박하기 위한 것"이라고 인수 이유를 설명했다. 한 달 뒤 네슬레는 미국 냉동식품 회사인 셰프아메리카를 26억 달러에 인수했다.

네슬레USA 웰러 회장의 의도는 명확하다. "우리는 그동안 미국

네슬레의 허시초콜릿 인수 무산

네슬레는 2002년 여름 미국 초콜릿의 자존심인 허시초콜릿을 인수하려고 했다. 허시는 미국에서 가장 오래된 초콜릿 생산 업체다. 키스, 트위즐러 등 많은 히트 상품을 보유하고 있다. 하지만 허시 주식의 3분의 1을 갖고 있는 학교 재단 '밀턴 허시'는 증시 폭락으로 신탁 재산의 가치가 떨어졌다고 판단해 보유 주식을 매각키로 결정했다. 이에 네슬레와 크래프트가 적극적으로 나섰다.

네슬레는 주당 60달러대인 허시푸드 주가를 82달러 선으로 후하게 쳐 준 인수 가격(115억 달러)을 제시했다. 협상은 급진전되는 듯했다. 하지만 예상치 못했던 문제가 발생했다. 주민들이 완강히 반대한 것이다. 허시푸드를 매각하게 되면 실업과 복지 후퇴가 예상된다며 주민들이 직원들과 함께 시위를 벌인 것이다. 9월 초 관할 지방법원은 "허시푸드를 팔려면 법원 승인을 받아라"는 판결을 내려 매각에 제동을 걸었다. 허시트러스트는 2주일을 고민한 끝에 매각 결정을 취소했다.

미국 초콜릿, 캔디 시장에서 44%를 점하는 허시와 11%를 점하는 네슬레를 합쳐 명실공히 미국 제1의 초콜릿 최강자를 만들려던 네슬레의 꿈은 이렇게 허무하게 끝을 내렸다.

시장에서 승자가 아니었습니다. 항상 크래프트(Kraft)나 제너럴 밀즈(General meals)에 뒤쳐졌죠. 세 건의 인수는 모두 미국 시장 선두 탈환 전략입니다."

2002년 8월엔 미국 경제 신문 1면을 장식했다. 바로 미국 초콜릿의 자존심인 허시초콜릿을 인수하려 했기 때문이다. 결과적으로는 무산되었지만 네슬레는 M&A 시장에서 요주의 대상으로 떠올랐다.

하지만 무조건 덩치만 키우는 것은 절대 아니다. 브라벡 최고경영자는 끊임없이 시장을 개척하면서도 다른 한편에서는 냉혹할 정도로 메스를 가하고 있다. 지난 5년간 이익이 나지 않는 156개 공장을 정리했다.

지역 브랜드 인수 후
'로레알' 분위기를 주입하라

로레알 (L'oréal)

1907년 염모제 회사로 출발한 로레알은 현재 500여 개 브랜드를 거느린 세계 1위의 화장품 전문 기업으로 성장했다. 세계 150여 개국에 5만여 직원을 고용하고 있으며 연간 매출이 15조 원에 달한다. 2001년 『파이낸셜타임스』에 의해 '전 세계에서 가장 존경받는 회사'로 뽑히기도 했다. 일개 유럽 회사에서 세계 화장품 시장의 13%를 점하는 일류 기업으로 성장한 데에는 오윈 존스 회장의 역할이 컸다. 그는 1988년 이후 16년간 회장직을 맡고 있는데, 로레알의 거의 모든 인수 합병에는 그의 손길이 묻어있다.

랑콤, 비오템, 랄프로렌, 조르지오 아르마니…… 유명 백화점 1층 화장품 매장에서 쉽게 볼 수 있는 브랜드들이다. 그러나 이 다양한 제품들이 모두 로레알 브랜드라는 것을 아는 사람은 그다지 많지 않다. 또한 영화배우 나스타샤 킨스키의 "나는 소중하니까요(Because I'm worth it)"라는 염색약 광고를 떠올리고는 로레알을 일개 염모제 업체로 오해하는 남성들도 많을 법하다.

프랑스 파리에 본사를 둔 로레알은 2001년 약 15조 원의 매출로 세계 시장 점유율 13%를 차지한 세계 1위의 화장품 전문 기업으로, 세계 150여 개국에 5만여 명의 직원을 둔 거대 다국적 기업이다. 1907년 염모제 회사로 출발했다가 화장품 부문으로 사업을 확장해 현재 500여 개 브랜드를 거느리고 있다.

요즘 로레알의 약진이 전 세계 투자자들의 관심을 모으고 있다. 로레알은 경쟁이 치열한 화장품 업계에서 지난 10여 년 동안 매년 두 자리 숫자의 순익 증가율을 보였다.

부문별로도 업계 1위 자리를 장악하고 있다. 화장품 부문은 로레알파리가, 헤어용품 부문에서는 엑셀랑스 브랜드가 최고 매출을 올리고 있다. 또 스킨케어 부문에서는 랑콤이, 메이크업 부문에서는 메이블린이 업계 최고를 확고히 굳혔다.

10년 전만 해도 매출의 75%를 유럽에서 소화하던 유럽 화장품 메이커가 어떻게 전 세계 최고 브랜드로 성장할 수 있었을까?

전문가들은 '로레알 문화 전파'를 우선적으로 꼽는다. 2002년 9월 『포춘』은 로레알의 경영 전략에 대해 "지역 화장품 회사를 인수해 로레알 분위기를 주입시킨 뒤 전 세계로 수출하는 것"이라고 분석했다.

실제로 로레알은 브랜드마다 각기 독특한 문화적 이미지를 구축하고 있다. 메이블린이나 랑콤은 로레알에 인수된 후에 세계적인 브랜드로 업그레이드되었다. 이렇게 인수 합병된 브랜드들은 그 후 독특한 자기만의 이미지를 가지게 된다.

오웬 존스 회장

로레알이 메이블린을 인수 합병하며 보여 준 전략을 살펴보면 로레알을 쉽게 이해할 수 있다. 1996년 로레알은 한물간 미국 화장품 회사 메이블린을 인수했다. 그 당시 메이블린은 슈퍼마켓용 저가 제품이라는 싸구려 이미지를 갖고 있었다. 로레알은 메이블린 인수 후 대

"누구나 실패할 수 있는 권리가 있습니다" 사내에서는 O.J란 이름으로 불리는 오웬 존스 회장은 로레알이 18년 연속 두 자리 수(순이익) 성장을 이뤄 낼 수 있도록 선장 역할을 했다. 그는 "실패에 대한 부담을 줄여 직원들의 도전을 장려하는 것이 자신의 제1경영철학"이라고 말한다. 대기업일수록 사원들이 위험을 피하려는 경향이 강해 경영자가 적극적으로 이런 분위기를 만들어 내지 않으면 도전도 없고 성장도 있을 수 없다는 것이 그의 지론이다.

상품개발부 간부 사원으로 입사한 오웬 존스는 한때 헤어 스프레이를 개발했지만 판매로 순탄하게 이어지지는 않았다. 하지만 로레알의 사내 분위기는 그로 하여금 좀더 열심히, 진취적으로 일하게끔 동기 의식을 계속 부여했다. 그는 "첫 제품이 막대한 손실을 기록했지만 아직도 회장으로 근무하고 있다"며 실패를 인정하는 사내 분위기가 더 많은 성공을 이끌어 냈다고 회고한다.

영국에서 태어난 오웬 존스는 옥스퍼드 대학을 졸업하고 1969년 로레알에 입사했다. 프랑스 외 지역의 마케팅을 담당하면서 자신의 경력을 쌓았다. 1988년에는 북미 지역 사업을 본 궤도에 올려놓은 공로를 인정받아 42세라는 젊은 나이에 회장 겸 CEO에 올랐다. 그는 세계 시장에서 높은 성장력을 갖는 것만이 성장을 이끌어 낼 수 있다는 신념으로 10년 전 전체 매출의 85%를 차지하던 서유럽 지역 비중을 15% 이하로 낮추었다.

규모의 개조 작업을 시작했다. 우선 메이블린 본사를 테네시 주 멤피스에서 뉴욕으로 이전했다. 세련된 미국 이미지를 강조하기에 멤피스로는 부족하다고 생각했기 때문이다. 로레알은 또 메이블린 제품에 노랑, 초록 등 전위적인 색조를 첨가해 도시적 분위기를 한껏 살렸다. 그 결과 요즘 메이블린의 원더 컬 마스카라와 볼륨 익스프레스는 일본 여성들 사이에서 선풍적인 인기를 끌고 있다.

로레알의 다양한 문화 주입 전략은 성공했다. 각 제품마다 상징하는 컨셉이 다르다. 메이블린, 랄프로렌, 레드킨 등의 브랜드는 미국의 실용적인 이미지를 강조한다. 랑콤과 로레알은 프랑스의 고전적인 아름다움을 상징한다. 반면 조르지오 아르마니는 이탈리아의 우아한 이미지로 승부한다.

로레알이 단일한 브랜드 대신 이 같은 글로벌 브랜드 구축에 역점을 두는 것은 화장품이 이미지로 승부하는 감성 제품이기 때문이다. 이미지를 파는 화장품 회사는 다양한 문화적 분위기를 풍길수록 유리하다.

21세기 화장품 개발 박차

로레알이 세계 1위 브랜드로 성장한 데는 오웬 존스 회장의 역할이 컸다. 1988년 이후 16년째 회장직을 맡고 있는 그는 로레알 성장의 산 증인이다. 메이블린, 소프트쉰, 칼슨, 키일 등 로레알의 인수 합병에 그가 관여하지 않은 게 거의 없다.

그는 "로레알은 단일화된 미의 기준을 강요하는 것을 가장 경계한다"며 "앞으로 지속적으로 다양하고 개성적인 브랜드 개발에 힘

쓸 것"이라고 강조한다.

그는 실패학을 중시한다. "실패를 통해 더 많은 것을 배울 수 있다"며 사원들에게 가능한 한 많은 도전을 해볼 것을 권한다. 젊은 이들은 새로운 변화에 민감해 창의적인 아이디어가 많다는 것이 그의 설명이다. 그는 로레알의 성공 요인으로 실패를 인정하는 사내 분위기를 꼽기도 했다.

실제로 이러한 도전 정신이 21세기 화장품 전쟁에서도 서서히 빛을 발하고 있다. 바로 나노좀(nanosomes)의 개발이 그러하다. 나노좀은 영양 물질을 피부 깊숙한 곳까지 필요한 부위에 쏙쏙 공급할 수 있는 전달체이다. 이것은 어떻게 하면 좀더 과학적이고 효과적인 화장품을 개발할 수 있을까 하는 도전 의식이 싹 틔운 결과이다. 로레알은 아무리 피부에 좋은 물질이라도 피부에 스며들지 않으면 소용이 없다는 것을 인식한 뒤 그룹 태스크포스 팀을 만들었다. 매출의 3%를 연구비에 투자하는 회사답게 여기에 백여 명의 인력이 투입되었다.

나노좀을 이용해 1996년 랑콤의 프리모디알 시리즈가 선을 보

였으며, 1997년에는 순수 비타민 E를 담은 '플레니튀드 퓌튀르'
가 출시되었다. 로레알 측은 "현재는 초기 단계이지만 앞으로 로레
알의 모든 스킨케어 브랜드는 활성 물질을 안전하게 전달하는 나
노 캡슐을 사용하게 될 것"이라고 밝혔다.

한편 로레알은 2001년 『파이낸셜타임스』가 선정한 '전 세계에
서 가장 존경받는 회사'에 뽑히는 영광을 차지하기도 했다.

우리의 미래는
아시아와 남미에 달렸다

코카콜라 (Cocacola)

미국 조지아의 농촌 마을에서 팸버튼과 캔들러에 의해 탄생되었다. 코카콜라의 비밀스런 맛은 남미산 나무의 잎새와 서부 아프리카산 씨앗, 캐러멜과 인산 등의 복합 과정을 통해 만들어진 것이다. 2차 세계 대전 때 비약적인 발전을 이뤘으며, 1928년에는 최초로 스포츠 마케팅을 시도했다. 코카콜라는 현재 세계 200개국에서 하루에 10억 잔이 팔리고, 브랜드 가치만 100조 원에 달한다. 최근 펩시콜라에 뒤지는 등 고전하고 있지만, 대프트 회장의 현지화 전략으로 조금씩 격차를 만회하고 있다.

옛말에 "호랑이는 죽어서 가죽을 남기고 사람은 죽어서 이름을 남긴다"는 어구가 있다. 여기에 하나 덧붙이자면 "상품은 영원히 브랜드를 남긴다"이다. 21세기는 브랜드의 시대다.

우리 나라 제품으로 가장 국제화된 브랜드는 애니콜(Anycall)이다. 그렇다면 전 세계적으로 가장 비싼 브랜드는? 바로 코카콜라다.

인터브랜드사의 조사에 의하면 코카콜라의 브랜드 가치는 100조 원이라고 한다. 코카콜라의 빨간 원형 아이콘과 북극곰, 산타클로스는 전 세계 어디에서나 통한다. 코카콜라는 브랜드 강좌에 제일 먼저 등장하는 성공 사례다.

세계 200개국에서 하루에 10억 잔이 팔리는 코카콜라지만 시작은 아주 우연적이었다. 1886년 팸버튼이라는 사람이 약국에서 실험을 하다 우연히 시럽을 발견한 것이 시초였다. 그 당시 어느 누구도 이 5센트짜리 음료가 장차 전 세계 제일의 '탄산 음료의 대명사'가 되리라고는 상상치 못했다.

코카콜라가 전 세계인의 대표적 음료로 발전하게 된 계기는 2차 세계대전이다. 당시 코카콜라사는 미군이 배치되는 곳에 싼 가격으로 코카콜라를 공급, 전쟁 기간 동안 약 50억 병의 콜라를 공급했다. 이를 위해 전장에 60여 개의 코카콜라 공장이 건설되었는데, 이들 공장은 나중에 코카콜라의 전 세계 공략 기지가 되었다.

그리고 1928년 암스테르담 올림픽에 코카콜라를 판매해 스포츠를 마케팅에 이용한 최초의 기업으로 기록되었다. 코카콜라는 생산, 유통, 판매 관리에도 능했다. 콜라 원액 및 시럽을 생산, 판매하는 '코카콜라'와 원액을 납품받아 완제품을 생산, 유통, 판매하는 '코카콜라 보틀러'로 이원화된 시스템으로 운영되고 있는데, 이런 시스템은 다국적 기업 현지화의 대표적인 예로서 인용되고 있다.

현지화 전략으로 선두를 탈환하라

하지만 115년 아성에도 이상 징후가 왔다. 1998년 매출액이 펩시에게 역전 당한 것이다.

코카콜라가 고전하고 있는 이유는 크게 두 가지다.

첫 번째는 전체 매출의 4분의 3을 차지하는 해외 매출이 답보 상태다. 두 번째는 경쟁사인 펩시가 스포츠 음료와 주스 부문에서 매출이 크게 늘어나 비탄산 음료 시장을 석권하는 바람에 코크 입지가 점점 줄어든 것이다.

해외 매출이 저조한 것은 20년 가까이 코카콜라를 통치한 고이주에타 회장 탓이 크다. 고이주에타 회장은 코카콜라의 가치를 한껏 올려놓았다는 찬사를 받지만, 한편에선 현지화를 무시하고 중앙 집권책을 폈다는 비난을 듣고 있다.

코카콜라는 그동안 일극주의 노선에 따라 미국 조지아 주 애틀랜타에 소재한 본사에서 전 세계 영업 전략을 총괄했다. 단적인 예로, 현 더글라스 대프트 회장이 1991년 아시아 그룹 본부장으로 임명받았을 때, 그의 사무실이 애틀랜타 본사에 마련되었을 정도로 코카콜라는 현지화 전략을 무시했다.

펩시에 뒤진 것은, 코카콜라는 현상 유지에만 급급한 나머지 명확한 성장 전략을 세우지 못했기 때문이다. 펩시가 '마운틴 듀'나

‘소베’ 등 10대 취향의 기능성 음료를 시장에 신규 출시하는 동안 코카콜라는 여전히 코크와 스프라이트에만 집중했다.

1999년 취임한 대프트 회장은 현 상황을 타파하고자 했다. 취임하자마자 기업 문화에서부터 인력 구조, 광고 전략, 제휴 관계 등 전통적인 문화를 모두 바꿔 나갔다. 직원 3만 명을 해고하고 최고 경영자 32명 중 30명을 물갈이했다. 그는 공격적인 시장 확대 전략의 일환으로 코카콜라 음료 상품 수를 1,000개에서 1,500개로 늘렸다. 또한 3억 달러의 추가 광고 비용을 들여 마케팅에도 신경 썼다.

대프트가 가장 염두에 둔 것은 ‘현지화 전략’이다. 대프트는 “지난 10년 동안 우리가 실수한 것은 현지화를 무시한 채 글로벌 통합 체제를 추구했던 점”이라며 “앞으로는 전 세계 각 지역의 다양성에 맞는 현지화에 주력할 것”이라고 강조했다. 대프트 회장은 각 지역 본사에 보다 많은 의사 결정 권한을 위임하는 글로컬(Glocal, 글로벌화＋지역화) 경영을 본격 도입하겠다는 뜻을 분명히 했다.

요즘 그의 관심사는 아시아와 남미 시장이다. 인구가 많은 중국과 인도 시장, 콜라 소비량이 많은 남미 시장. 이 두 곳에서 성공해야만 코카콜라가 발전할 수 있기 때문이다.

중국에는 10여 년 동안 11억 달러를 투자해 왔는데, 벌써 중국 시장에서는 열매가 결실을 맺고 있다. 연간 판매량이 10억 달러를 넘어섰고 8년째 흑자를 내고 있다. 여기에 고무된 대프트 회장은 최근 중국 신장, 장시, 기주, 간수 지역 등지에 음료 제조 공장을 추가 설립하기로 결정했다.

인도 시장에는 '밑바닥 현지화'에 주력할 계획이다. 세계 최대의 차 생산지인 인도에서 '뜨거운' 차와 커피 판매에 나섰다. 인도 전역에 자동 판매기를 설치해 '조지아(George)'라는 브랜드로 차와 커피를 판매하고 있다. 코카콜라 인디아의 구프타 부사장은 "인도의 차 및 커피 판매량 중 16%가 가정 밖에서 소비된다"며 "코카콜라는 이 시장을 집중 공략할 것"이라고 밝혔다.

남미에서는 아예 음료 업체를 인수했다. 코카콜라 멕시코 법인은 중남미 최대 음료 업체인 팬아메리칸 베버리지를 36억 달러에 인수했다. 코카콜라의 팬아메리칸 인수는 중남미 공급 체계를 통합하기 위한 방침이다. 효율성을 높여 중남미 시장을 제대로 공략하겠다는 얘기다. 이 인수로 코카콜라의 남미 시장 공략은 한층 수월해졌다.

전 세계 브랜드 가치 1위인 코카콜라가 과연 대프트 회장의 지휘하에 옛 명성을 회복할 수 있을지 주목된다.

코카콜라 병이 만들어지기까지

루드라는 공장 기술자가 있었는데, 그는 어느 날 코카콜라 병 디자인을 모집한다는 광고를 접했다. 상금이 1,000만 달러나 되었다. 그는 그 날부터 공장에 사표를 내고 코카콜라 병 만드는 일에만 몰두했다. 그리고 반년이 지난 어느 날, 그는 여자 친구가 입고 있는 통이 좁은 엉덩이의 긴 주름치마를 보고 지금의 코카콜라 병 디자인을 생각해 냈다. 그는 코카콜라사에 찾아가 디자인을 보여 줬다. 처음엔 윗 부분의 볼록한 면 때문에 콜라 양이 많이 들어갈 것을 염려해 주저하던 회사측은 생각보다 적게 들어가자 계약을 체결했다. 이렇게 해서 루드는 갑부가 되었다. 인생역전이었다.

확실한 캐시카우(cash cow)로 승부한다

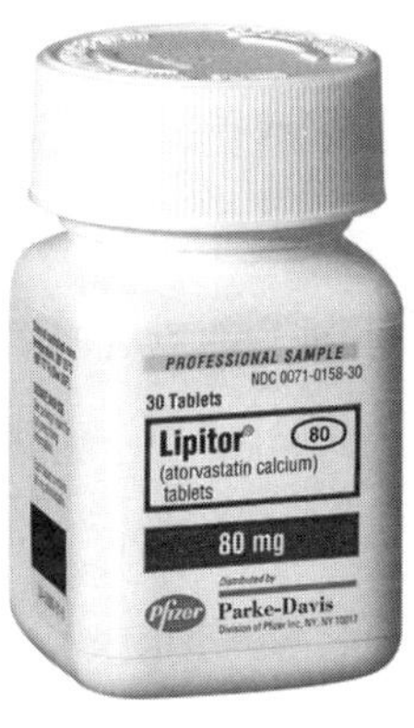

화이자 (Pfizer)

비아그라로 유명한 화이자는 세계 최대의 다국적 제약 회사이다. 연간 매출이 515억 달러에 이르고, R&D 투자액(52억 달러)이 우리 나라 기업의 총 R&D 투자액보다도 많다. 화이자의 고혈압 치료제인 노바스크는 2002년 한국에서만 1,000억 원 이상의 매출을 올리기도 했다. 막대한 투자의 성과물인 화이자의 제품들은 퀄컴의 CDMA 원천 기술 못지 않은 부가가치를 창출하고 있다. S&P와 무디스가 10여 년 연속 최고 수준의 신용 평가 등급을 매기고 있으며, 『비즈니스위크』에 의해 '바람직한 이사회'를 가진 대표적인 기업으로 선정되기도 했다.

비아그라, 노바스크, 리피토. 이 세 가지 중 하나는 익숙한 이름이다. 비아그라다. 원래 비아그라는 1990년대 초 협심증 치료제로 개발됐으나, 사용자들이 남성 발기에 탁월한 효능이 있음을 회사에 알려 왔다. 그래서 다시 발기부전 치료제로 개발된 효자 신약이다. 비아그라는 전 세계 120개 국가에서 2,000만 명 이상이 복용해 무려 4조 원 이상의 매출을 기록했다.

중년 남성들은 나머지 두 이름을 기억해 둘 필요도 있겠다. 조만간 이 약을 필요로 하는 병이 엄습해 올지도 모른다. 고혈압과 고지혈증(콜레스테롤 과다)에 자유로울 수 있는 40, 50대는 그리 많지 않기 때문이다.

고혈압 치료제인 노바스크는 2002년 한국에서만 1,000억 원 이상의 매출을 올렸다. 고혈압 시장은 물론 전체 처방약 시장에서 1위를 차지했다. 일각에선 의약 분업의 최대 수혜 품목이자 건강보험 재정 파탄의 대표 주자라고 비난하기도 한다. 하지만 후발 신약들에 비해 저렴한 500원대라는 점과 10년 이상 안전성을 입증해 왔다는 장점만은 아쉽지만 인정해야 한다. 한국이 고령화 사회로 진입하면서 고혈압 환자가 늘 전망이므로 노바스크의 매출은 당분간 더욱 늘어날 것이다.

세계 제약 업계 순위(다국적 제약 회사 순위)

순위	회사 이름	매출액(억 달러)	순위	회사 이름	매출액(억 달러)
1	화이자(미국)	515	6	아벤티스(독일)	205
2	머크(미국)	477	7	노바티스(스위스)	189
3	존슨&존슨(미국)	330	8	로시(스위스)	172
4	글락소스미스클라인(영국)	295	9	아스트라제네카(영국)	164
5	브리스톨마이어스큅(미국)	217	10	아보트라보레이토리스(미국)	162

(자료 : 『포춘』 2002년 7월)

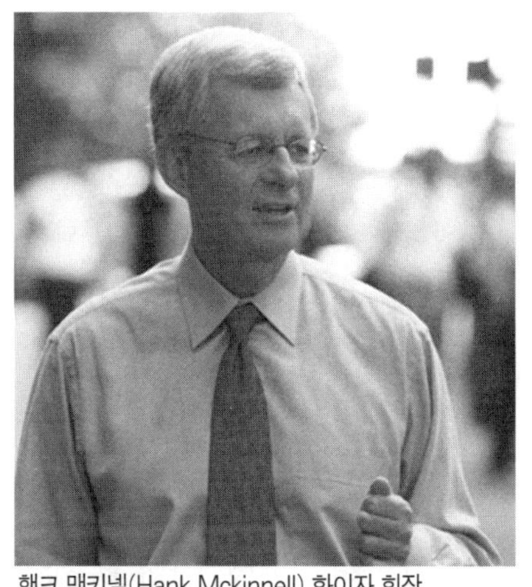
행크 맥키넬(Hank Mckinnell) 화이자 회장

하지만 이 셋 중 세계적으로 제일 많이 팔린 건 리피토다. 요즘 중년 성인들이 몸 상태가 좋지 않아 병원에 찾는 일이 잦은데 '고지혈증'이라고 진단받는 경우가 적지 않다. 고지혈증은 육류 섭취량은 많고 운동이 부족한 현대인에게 혈액 속의 콜레스테롤이 많아져 생기는 질병이다.

리피토는 이 분야에서 세계 1위다. 약효가 뛰어날 뿐더러 1일 1회 시간에 구애받지 않고 복용할 수 있는 장점 때문에 가장 인기가 있다. 경제 전문지 『포춘』은 올해 초 "리피토 매출이 100억 달러를 넘어서는 건 시간 문제"라고 전망하기도 했다.

화이자 3총사

화이자는 행복하다. 이 세 가지 약 모두가 화이자 제품이기 때문이다. 화이자는 퀄컴의 CDMA 원천 기술, 인텔의 반도체 칩 기술이 전혀 부럽지 않다. 인류가 존재하는 한 시장이 커질 수밖에 없는 제약 산업에서 확실히 입지를 굳혔기 때문이다.

모든 성공에는 그만한 슬기와 노력이 있는 법. 화이자 사례는 벤치마킹하기에 손색이 없다.

선택과 집중 화이자는 1991년 윌리엄 스티어가 회장으로 취임하면서 제약 부문에 사업 역량을 집중시켰다. 스티어 회장은 제약 사업에 승부를 걸기 위해 농화학, 의료기기 등 당시 수익성이 높던 사업을 과감히 포기했다. 하나만 제대로 하자는 얘기다. 이런 원칙은 여전히 변함이 없다. 2000년 워너램버트와, 2002년에는 파마시아와 합병함으로써 전 세계 제약 업계 부동의 1위로 올라섰다.

아낌없는 연구 개발 투자 도깨비 방망이 '비아그라'가 하늘에서 떨어진 건 결코 아니다. 그만한 투자가 있었기에 가능했다. 국내 제약 업계의 총연구개발비가 2억 달러(2,600억 원)가 채 안 되는데 반해, 화이자는 2003년 52억 달러를 연구 개발에 투입할 예정이다. 현재 화이자가 연구하고 있는 잠재적인 신약 프로젝트는 무려 170여 개. 이를 위해 미국, 영국, 일본, 프랑스 등 총 4개의 연구소에서 6,000여 명의 연구원들이 신약 개발에 몰두하고 있다.

공격적인 마케팅 화이자의 전략은 명확하다. 효능과 편의성을 추구한다는 것. 동종 제품 중 가장 뛰어나고, 음식 섭취에 무관하게 1일 1회 복용으로 끝낼 수 있는 제품을 주요 컨셉으로 한다. 이를 위해 상품성이 떨어지더라도 시장성이 있다고 여겨지면 개발회사와 전략적으로 제휴, 막강한 영업력을 통해 전 세계를 휘젓는다. 광고에도 공을 들인다. 화이자는 광고 지출 1위를 고수하고 있다. 비아그라 출시 때는 밥 돌 전 상원의원을 광고 모델로 기용, 전 세계 이목을 집중시키기도 했다.

한편 화이자는 미국 제약 업계에서 가장 많은 7,000명의 영업 직원을 거느리고 있다. 특이한 것은 퇴역 군인을 우대한다는 점이다. 걸프전 출신 장병 1,000명을 마케팅 담당자로 고용해 공격적인 면을 더하고 있다. 경쟁 업체 머크가 MBA 출신을, 릴리가 약사를 영업 직원으로 채용하는 것과는 대조적이다.

　이러한 전략을 바탕으로 화이자는 전 세계 최고로 우뚝 섰다. 1999년에는 경제 전문지『포브스』가 선정한 '올해의 미국 최우수 기업'에 올랐으며,『포춘』이 선정하는 '세계에서 가장 존경받는 기업들'에 5년 연속 선정되기도 했다. 또한 신용평가 기관인 무디스와 S&P가 10여 년 연속 최고 수준의 신용평가 등급을 매길 정도로 탄탄한 재무 구조를 자랑한다. 2002년에는『비즈니스위크』가 선정한 '바람직한 이사회'를 가진 대표적인 기업으로 선정되어 투명성을 발하기도 했다.

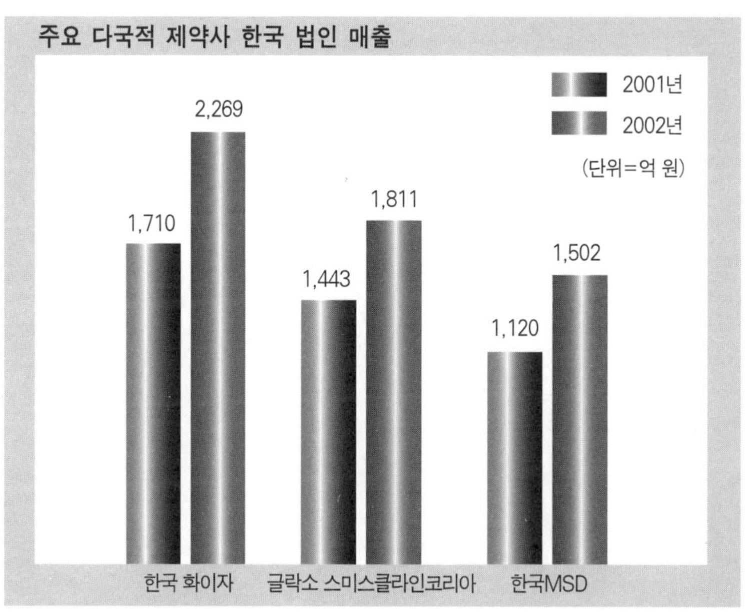

2002년 파마시아와의 합병으로 화이자는 전 세계 제약 업계 매출 11%를 차지하는 거대 공룡으로 재탄생했다. 『월스트리트저널』은 화이자의 합병으로 매출액이 480억 달러, 연구개발비가 70억 달러가 넘는 거대 기업으로 재탄생하게 됐다고 평가했다.

비아그라(발기부전 치료제), 리피토(고지혈증 치료제), 트로반(광범위 항생제), 노바스크(고혈압 치료제), 세레브렉스(관절염 치료제), 이러한 막강 화력 외에도 화이자는 2010년까지 개발 완료를 목표로 연구 중인 치료 물질이 55개에 달한다.

신약 개발은 어려운 만큼 부가가치가 엄청 크다. 국내 제약 회사들도 카피 약이나 만드는 3류가 아니라 명실공히 신약을 개발하는 제약 회사로 발돋움해야 한다. 그런 면에서 정부의 조타수 역할이 더욱 중요해졌다. 400여 국내 제약 회사의 '파이'는 점점 작아지고 있다.

종합 IT 회사로 전환하고 아시아 시장에 주력

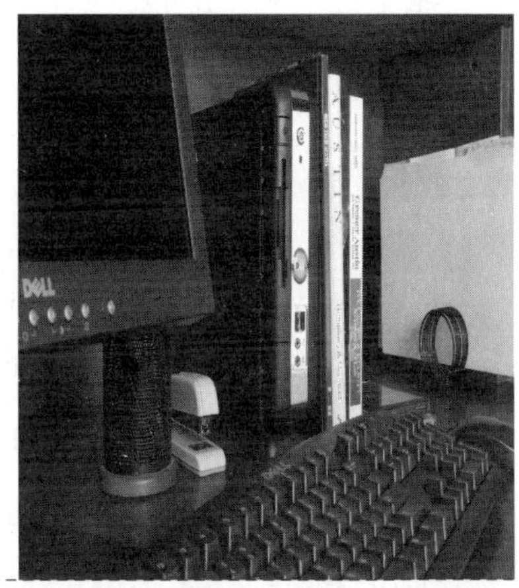

델컴퓨터 (Dell Computer)

1984년 의대생인 마이클 델에 의해 설립된 델컴퓨터는 현재 전 세계 PC 판매 1위다. 일명 직접 판매 (Dell Direct Model)의 성공으로 연간 매출이 350억 달러에 이른다. 델 회장은 최근에 전 세계 PC 시장의 40%를 장악하겠다는 야심 찬 경영 목표를 제시하고 아시아 시장 공략에 집중하고 있다. 미국 텍사스에 본사가 있고, PC 및 노트북 생산과 네트워킹 서비스를 주요 사업으로 한다.

"제가 성공하게 된 데에는 '호기심'이 큰 역할을 했습니다. 저는 질문을 많이 하는 편입니다. 언제나 기존 방식을 벗어나 어떻게 하면 다르게 접근해 볼 수 있나 고민했습니다. 저만의 독특한 접근법에 대해 믿음을 가지고 고객 목소리에 충실했던 것이 성공 포인트입니다."

2001년 매일경제에서 주최한 세계 지식 포럼 강연차 한국에 들른 델컴퓨터의 마이클 델 회장이 털어놓은 성공 비결이다. 그는 또 이런 말도 덧붙였다. "저는 늘 공포에 사로잡혀 지냅니다. 회사 미래에 대해 믿음과 자신감을 가지고 있지만 동시에 새로운 기술이나 경쟁사가 등장하는 것을 항상 걱정하고 지냅니다." PC 업계 제왕다운 말이다.

델의 대학 시절은 소설처럼 재밌다. 유복한 집안에서 자란 델은 전공 공부에는 관심이 없고 매일 컴퓨터나 뜯어고치면서 시간을 보냈다. 당시 같이 다니던 친구는 "내 기억 속에 이 친구는 항상 소매를 걷어붙이고 컴퓨터와 씨름했다"고 회고한다. 설상가상으로 델은 아예 2학년 진급을 포기한 채 사업을 한다고 본격적으로 나섰다. 부모를 꽤나 걱정시켰을 법하다. 그리고 20년이 흘렀다. 현재 이 청년은 『포춘』이 선정하는 세계 젊은 부호 1위(300억 달러)와 CBS마켓워치가 선정하는 '믿음직한 CEO'에 동시에 뽑혀 돈과 명예를 한꺼번에 거머쥔 행운아가 됐다. 2001년 델컴퓨터는 HP와 컴팩의 합병에도 불구하고 전 세계 PC 판매 1위를 기록했다. 시장 점유율 16%다.

델이 PC 사업에서 성공했던 이유는 간단하다. 바로 중간 단계를

없었던 것이다. 대리점 대신 전
화나 인터넷으로 제품을 판매하
는 직판 체제를 처음으로 운영했
다. 이로 인해 경쟁사에 비해 저
가로 고객을 끌어 모을 수 있었
다. 일명 '컴퓨터를 통한 컴퓨터
판매(Dell direct model)'다. 이
시스템에서는 고객이 온라인 상
의 인터넷 점포에서 주문을 하면

마이클 델 회장

바로 공장으로 연결되어 생산을 한다. 이 시스템은 기존의 제품 판
매소에서 주문받은 것을 생산한다는 특징이 있다. 이런 이유로 제
품 재고를 5일 이내로 묶어 두는 확실한 재고 관리 능력을 가질 수
있게 되었다.

SCM(Supply Chain Management, 공급망관리) 사례에서 델
컴퓨터가 자주 거론된다. 가치사슬의 통합 · 폐지 관점에서 아주
중요한 사례이기 때문이다. 과거에는 가치사슬 내의 정보를 공유
하기 위해 가치사슬을 수직적으로 통합하였다. 하지만 인터넷의
등장으로 관련 정보가 쉽게 공유되자 기업의 수직적 가치사슬은
해체되고 통합되었다. 즉 가치사슬이 수평적으로 확장된 것이다.

델컴퓨터는 이 현상을 설명할 수 있는 아주 좋은 사례다. 델의
웹사이트(www.dell.com)는 분기별 조회 수가 5억 회에 달한다.
전체 주문의 4분의 3이 온라인을 통해 이뤄진다. 온라인을 통해
접수된 기술 지원 활동은 전체의 50%에 달한다.

델컴퓨터는 이 시스템의 단점에 대해서도 철저히 연구했다. 직접 판매에 따른 서비스 불만을 해소하기 위해 강력한 AS 체제를 구축, 고객의 요구에 신속하게 대응했다. 업계 최초로 수신자 부담 전화로 고객에게 기술 지원 서비스를 제공하고 다음날 방문한다. 이 방식은 현재 업계 표준이 되었다.

한편, 델컴퓨터는 비용 절감분을 마케팅에 투자해 주요 신문에 연일 광고를 게재하며 공격적인 마케팅을 구사했다.

황금 어장 아시아 시장을 잡아라

최근 델 회장은 유난히 아시아 지역 출장이 잦았다. 그는 아시아 지역을 돌며 델컴퓨터 특유의 직접 판매 방식의 효용성과 아시아 시장의 중요성을 역설했다. 그 이유는 델 회장이 이 시장의 성장 잠재력을 주목하고 있기 때문이다. 아시아 PC 시장은 향후 5년간 연평균 12%의 높은 성장률을 기록할 것으로 전망된다. 아직 침체기에 있는 북미 시장과 비교하면 황금 어장인 셈이다. 새로운 성장 동력을 위해서라도 아시아 시장은 절대적으로 중요하다.

전 세계 PC 점유율 16%를 차지하는 막강한 델컴퓨터이지만, 아시아 성적표는 초라하다. 아태 지역 시장 점유율은 기껏해야 5% 수준이다. 한국에서는 매출 규모 상위 10위 안에도 못 든다. 중국, 일본에서는 각각 렌샹, NEC, 후지쓰가 버티고 있어 공략이 쉽지 않다. 바꿔 말하면 개척할 수 있는 여지가 많다는 것이다.

델 회장은 2001년 "전 세계 PC 시장의 40%를 장악하겠다"고 야심 찬 경영 목표를 밝혔다. 아시아 시장을 염두에 둔 발언이다.

아시아 지역에서 연평균 15% 성장만 이뤄 준다면 향후 10년 안에 이 경영 목표도 문제없을 것이라고 자신한다.

델컴퓨터는 2001년 기존의 말레이시아 공장 외에 중국에 PC 조립 공장을 설립해 가격 경쟁력을 가진 저가 PC 생산에 나섰다. 특히 중국 공략을 위해 기능이 단순하고 가격이 낮은 PC를 집중적으로 판매해 점유율을 극대화한다는 전략이다.

일부에선 비관적인 전망을 내보인다. 아시아 지역은 온라인 결제 시스템과 운송 인프라가 미약하고 대다수 사람들이 인터넷 주문에 익숙하지 않다는 주장이다. 중국의 경우 저가 PC로 승부하기에는 렌샹, 팡정 같은 토종 브랜드의 벽이 너무 높다는 전망도 나온다.

이에 대해 델컴퓨터 측은 "일반 소비자보다는 우선 기업 고객을 우선적으로 공략할 예정이며, 차이나뱅크 등과 제휴해 신용카드 없이도 온라인 결제를 할 수 있게 만들겠다"고 밝힌다.

한편 델컴퓨터는 종합 IT 회사로 거듭난다는 장기 전략을 가지고 있다. 8,000억 원에 달하는 세계 IT 시장이 무궁무진하다고 보고 PC, 스토리지, 소프트웨어, 주변기기, 프린터, 네트워킹 등 모든 시장을 아우르겠다는 전략이다.

델 회장은 특히 서버 스토리지 IT 서비스 등 엔터프라이즈 분야에 주력하겠다고 말한다. 스토리지 데이터네트워크 등의 분야에서 표준화가 빠르게 이뤄지고 있기 때문에 온라인 직판 체제를 유지하는 델의 비즈니스 모델이 충분히 승산 있다는 판단에서다.

쇼핑을 즐거운
놀이로 만들어라

이케아(Ikea)

1943년 조그만 가구 회사에서 출발한 이케아는 현재 한해 매출액이 95억 달러에 이르는 세계적인 가구 메이커로 성장했다. 22개국에 122개 매장을 보유하고 있으며 세계 43위의 브랜드 파워를 가지고 있다. 가구에서 커튼, 액자, 장난감, 그릇 등으로 사업 영역을 넓혔다.

철저한 물류 관리와 현지화 전략으로 인해 현재 전 세계 67개국 2,300여 업체로부터 가구 부품을 공급받고 있다. 설립자 잉그바르 캄프라드는 2002년 스위스 최대 갑부에 올랐다. 개인 자산이 16조 원에 달하는 전 세계 17번째 갑부다.

요즘 젊은 부부들은 모던하면서도 심플하고 기능적인 가구를 원한다. 일방적으로 공간을 지배하거나 위압적인 가구는 별로 환영받지 못한다. 그렇다고 싸구려 가구를 원하는 건 더더욱 아니다.

가구를 구입할 때 또한 마찬가지다. 우리 나라 가구점의 예를 들어 보자. 가구 가게에 들어서면 영업사원이 약간은 귀찮을 정도로 친절하게 설명한다. 하지만 안내 책자에 있는 샘플이 가게에 모두 구비되어 있는 건 절대 아니다. 운 좋게 그 제품이 매장에 있다면 고객이 선택을 하고 보통 하루나 이틀 뒤에 집으로 배달된다. 그렇지 않을 경우엔 며칠이 더 걸린다.

이런 시스템은 젊은 부부들에겐 불만이 아닐 수 없다. 모처럼 짬을 낸 주말 시간에 구입했으니, 바로 설치해 '소비'의 쾌감을 느끼고 싶기 때문이다.

유럽의 가구 업체 이케아는 이러한 소비자의 욕구를 정확히 읽어 냈다. 우선 가구를 고르는 쇼핑을 따분하고 귀찮은 일이 아닌 즐거운 놀이로 만들었다. 도시 근교의 값싼 부지에 거대한 매장을 짓고 모든 가구를 실제 모습으로 진열했다. 이케아 매장에 처음 들어선 사람은 매장의 규모에 놀라게 된다. 최소한 3,000평에 달하는 매장은 충분한 전시 공간과 창고를 갖추고 있다. 모든 제품들은 가정 내에서 있어야 할 위치와 역할(예를 들면, 부엌을 실제로 재현해 각 공간에 이케아 제품으로 부엌 전체를 꾸며놓았다)을 제대로 보여 준다.

고객들이 제품을 구입하는 과정은 다음과 같다.

① 고객들은 전시된 가구들과 생활용품들을 만져 보고 살펴본다.

② 해당 제품을 창고에서 직접 고른다.

③ 그리고는 슈퍼마켓처럼 출구에서 계산한다.

④ 자신이 가져온 차량에 완전히 분해 포장된 제품들을 싣고 집으로 가져간다.

⑤ 동봉된 안내문과 부품에 따라 쉽게 조립해서 사용한다.

이케아에는 어린이를 위한 놀이 시설이 따로 마련되어 있다. 기저귀도 공짜다. 또 매장 내에는 음식을 싸게 파는 식당도 있다. 즉 이케아는 쇼핑의 과정을 하나의 경험 또는 나들이로 착각하게끔 바꿔 놓았다. 마치 한국 젊은이들이 주말 약속을 잡으면서 "우리 코엑스몰이나 갈까?" 하는 것처럼, 이케아는 사람들에게 "우리 이번 주말엔 이케아 매장에나 갈까?" 하는 식으로 각인시켰다.

소비자가 직접 조립품을 가져가게끔 함으로써 이케아는 가구 제품의 수송과 조립 비용을 대폭 절감시켰다. 이케아는 이 원가 절감을 구입자에게 '저렴한 가격'으로 되돌려 준다. 경쟁사에 비해 25~50% 싼 이유는 여기서 비롯한다.

한편 이케아는 전 세계 67개국 2,300여 업체로부터 가구 부품을 공급받고 있다. 지난 5년 동안 개발도상국 생산 업체가 차지하는

제품마다 이름이 있다

이케아는 아이덴티티를 높이기 위해 9,000여 종의 제품에 각각의 이름을 붙였다. 본사에는 네이밍만 전문적으로 하는 직원들이 따로 있다. 소파에는 '고테보르그', '칼란다' 등의 마을 이름을 붙이고, 서랍장에는 '루스', '트로겐' 등의 남자아이 이름을 붙였다.

비중이 30%에서 50%로 증가했다. 예를 들면 의자 등받이는 폴란드, 다리는 프랑스, 나사는 스페인에서 공급받고 있다.

최근 이케아는 중국, 인도, 인도네시아, 대만, 태국 등에 사무실을 별도로 운영 중이다. 이 사무소들은 이케아가 요구하는 임금과 안전도 기준을 만족시키는 기업을 끊임없이 찾으며 이케아 상품 가격의 인하에 공헌하고 있다. 또 전 세계적으로 18군데에 유통센터를 두고 있는데, 이곳에서 이케아 수송의 70%를 담당한다.

이 결과, 1943년 조그만 가구 회사에서 출발한 이케아는 현재 한 해 매출액이 95억 달러에 이르는 세계적인 가구 메이커가 되었다. 22개국에 122개 매장을 보유하고 있으며 세계 43위의 브랜드 파워를 가지고 있다. 요즘엔 가구뿐만이 아니라 커튼, 액자, 장난감, 그릇, 카펫 등 주방과 거실, 사무실을 차지하는 모든 용품들을 판매한다.

이케아의 설립자는 잉그바르 캄프라드다. 그는 2001년 스위스 최대 갑부에 올랐다. 개인 자산이 16조 원에 달하는 전 세계 17번째 부자다. 전 세계 종업원(그는 '동업자'라고 부른다)만도 7만 명이다. 그는 구두쇠로도 유명하다. 푸른색 데님 셔츠를 즐겨 입고 10년째 같은 승용차를 몰고 다닌다. 비행기나 열차도 늘 2, 3등석만 탄다. 그는 "내가 1등석에 타면 어떻게 연봉이 적은 종업원들과 함께할 수 있느냐"고 반문한다. 캄프라드는 "대중이 쉽게 살 수 있는 간편하고 실용적인 가구를 만드는 것이 원칙"이라며 현대적이고 경제적인 가구를 강조한다.

전 세계에 영업점 늘리는 것이 최우선 과제

요즘 이케아의 최대 관심사는 북미 시장 공략이다. 1985년 이후 북미에 24개의 매장을 운영하고 있다. 이케아는 2003년 9개 매장을 북미에 신규 오픈할 예정이고, 2013년경에는 북미 매장 수를 총 50군데로 확대할 계획이다. 미국 현지 반응도 좋다. 현재 이케아는 북미 전역에 겨우 24개 매장을 보유하고 있음에도 불구하고, 소매 가구 판매 순위에 있어서는 7위에 올라 있다. 그만큼 이케아는 실용성을 중시하는 미국 젊은층들한테 환영받고 있다.

북미뿐만이 아니라 영국에서도 약진하고 있다. 영국의 경우 전국에 11군데 매장밖에 없는데, 소매 가구 판매 분야에서 1위를 달리고 있다.

이케아는 폭발적 성장력을 가지고 있는 중국과 한국에도 큰 관심을 갖고 있다. 이케아가 어떤 방식으로 역동적이고 실용적인 한국 젊은이들을 공략할지 자못 궁금하다.

이케아는 1985년 필라델피아 교외에 첫 매장을 개설하면서 미국 시장에 진출했다. 처음부터 성공한 것은 아니다. 1992년이 되어도 여전히 적자를 면치 못했다. 하지만 1993년 이래 현재까지 흑자 행진을 하며 외형적인 확장을 계속하고 있다. 어떻게 미국 시장에 성공적으로 안착할 수 있었을까? 그것은 철저한 현지화 전략 덕분이다.

이케아는 원가 절감을 위해 미국 판매 가구의 45%를 현지에서 생산했다. 또한 미국인들의 생활 양식과 소비 행태를 자세히 검토한 후, 제품의 20%를 미국인들에 맞게 재디자인했다. 미국인들이 줄서기 싫어하는 것에 주목해 시간이 덜 걸리는 금전등록기를 설치하고 계산대 수를 늘렸다.

시계를 감성적인
패션으로 만들어라

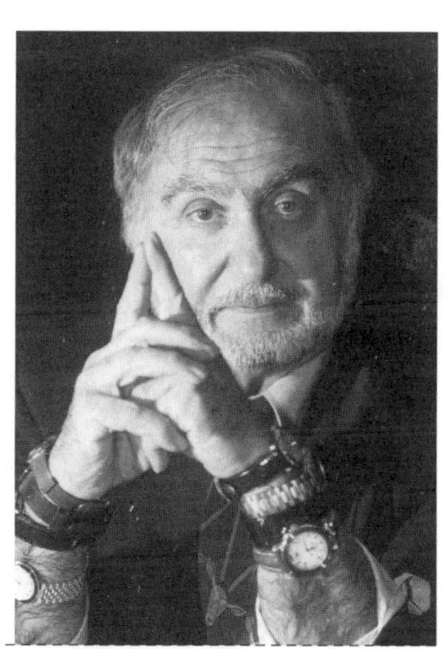

swatch+

스와치 (Swatch)

패션 시계 스와치는 1980년대 초반 위기에 몰린 스위스 시계 산업의 반성에서부터 출발했다. 최고경영자인 하이에크 회장은 일본이나 홍콩 시계에 맞서 디자인에 많은 정성을 들이고 저렴한 가격으로 승부를 걸었다. 시계에 패션의 개념을 입혀 젊은 층을 공략한 이 전략은 보기 좋게 성공했다. 현재 스와치는 전 세계 시계 시장의 25%를 점유하고 1년에 1억 개의 시계를 파는 회사로 성장했다. 주요 제품으로는 스와치, 오메가, 론진 등이 있으며 연간 매출이 30억 달러에 달한다. 2002년 하이에크 회장의 아들인 니콜라스 주니어 하이에크가 아버지 자리를 물려받았다.

신동엽을 시인으로 기억하면 쉰세대, 개그맨으로 기억하면 신세대라는 말이 있다. 공유한 문화가 다르다는 얘기다. 시계에 관한 구분은 더 흥미롭다. 길 가다 옆 사람이 시간을 물어 볼 때 손목시계를 보면 쉰세대, 휴대폰을 보면 신세대라고 한다. 하나 더. 하나의 시계를 계속 착용하면 쉰세대, 그날 그날의 컨디션에 따라 패션 시계를 번갈아 착용하면 신세대라고 한다.

현대는 감성 시대다. 시계는 시간을 알려 주는 도구에서 액세서리로 바뀌었다. 바로 이런 세상의 변화를 얼른 눈치채고 재빠르게 적응한 기업이 스와치다.

스와치는 시계를 기능적인 제품에서 기계적인 정확성에다 창조적인 디자인을 결합하여 강력한 감성적 메시지를 전달하는 패션으로 재창조했다.

스와치는 일본 제품에 밀려 고사할 뻔한 스위스 시계 산업의 자존심을 되살렸다. 원래 스위스 시계 산업은 1970년대 중반까지 난공불락이었다. 세계 시계 시장의 3분의 1을 차지했다. '시계 하면 스위스'라는 등식도 이때 성립되었다.

하지만 1970년대 후반부터 일본과 홍콩의 값싼 노동력과 대량 생산 방식이 시장을 잠식했다. 저가 제품에서 가격 경쟁력을 잃더니 차츰 중가, 고가 제품에서도 위협을 당하기 시작했다. 세계 시장의 규모는 빠르게 커 나갔지만 스위스 시계 수출은 10년도 못 돼 반으로 줄었다. 1974년에 9,000만 개를 생산하던 것이 1983년엔 4,000만 개로 줄어들었다.

위기를 느낀 스위스 시계 업체들은 컨소시엄을 만들었고, 당시

하이엑 엔지니어링 대표였던 니콜라스 하이에크가 사장으로 영입되었다.

하이에크는 크게 네 가지를 중시했다.

첫째, 하이에크는 부자 간에 대물림하는 시계가 아니라 싫증나거나 고장나면 바로 바꿀 수 있는 시계를 지향했다. 스와치는 1980년대 초반 미국 시장에서 "두 번째 별장은 가지면서 왜 두 번째 시계는 갖지 않는가?"라는 광고를 내보내 관심을 끌었다. 스와치(Swatch)의 S는 Second의 의미였다. 이를 위해 새로운 디자인을 끊임없이 내놓았다. 고객들에게 '장식품으로 하나 더 가졌으면 좋겠다'는 욕심이 들도록 했다.

둘째, 저가 정책으로 승부. 하이에크는 당시 시장을 지배하는 값싼 일본 및 홍콩 제품 소비자들을 유인하고 브랜드 충성도를 빨리 확보하고자 했다. 그래서 두세 개 살 수 있는 가격인 40달러로 책정했다. 이런 큰 부담 없는 가격으로 사람들이 계절에 따라 혹은 그 날의 패션 아이템에 따라 시계를 바꿔 찰 수 있도록 했다.

셋째, 피라미드 전략. 하이에크는 스와치, 오메가, 론진 등 18개 브랜드를 가격대와 품질에 따라 위치를 설정시켰다. 피라미드의 제일 아래에는 스와치를 포함한 75달러 이하의 저가 브랜드를, 중간에는 티솟을 포함한 400달러 정도의 중간 브랜드를, 상단에는 100만 달러에 근접하는 고가 브랜드를 시판했다. 피라미드 구조의 상단에 있는 제품에서 주로 이익을 거두지만, 하단 제품의 방화벽 역할을 중시했다. 또한 저가 소비자도 나중에는 고가 브랜드 제품을 구매할 수 있는 잠재 고객으로 간주했다.

넷째, 핵심 역량을 최대한 활용 수직적 통합을 통해 시계뿐 아니라 시계 제조에 필요한 다양한 기술을 보유하게끔 했다. 시계 부품 시장뿐 아니라 초소형 전자 기술, 반도체 기술, 배터리 제조 기술 등의 핵심 역량을 다른 사업으로 확장시켰다. 우선 통신기기 사업에서 전화기기 및 호출기 등으로 사업을 다각화했고 시계에 호출기를 내장한 빕업(beep up)을 선보여 성공했다.

이런 전략은 맞아떨어졌다. 스와치는 1990년대 들어 세계 최대 매출을 기록하게 된다. 스와치는 전 세계 시계 시장의 25%를 점유하고 1년에 1억 개의 시계를 파는 회사로 성장했다.

대물림한 아들이 새로운 변화 추진

2002년 스와치는 새로운 변환을 맞게 된다. 하이에크 회장의 아들 주니어 하이에크(48)가 아버지 자리를 물려받았다. 그는 아버지의 카리스마에서 벗어나기 위해 몇 가지 변화를 시도하며 자기 색깔을 내고 있다. 그는 "지금 스와치는 중대 기로에 서 있다"며 변화의 필요성을 제기했다.

우선 그는 게스(Guess)나 파슬(Fossil)과 치열한 경쟁을 하는 미국 매장에 신경 쓰고 있다. 최근까지 1,000만 달러를 들여 미국 전역에 30개 직영 매장을 신설했다. 또한 전 세계 520군데 독립 매장을 갖고 있는 스와치를, 점차 대리점 판매에서 벗어나 직영 매장으로 탈바꿈시키기로 했다.

이 변화는 한국 시장에도 영향을 줬다. 스와치코리아를 직영 판매 체제로 전환하는 한편, 전문점을 이용하도록 해 판매 창구를 제한했다.

한편 고급화를 지향하기로 했다. 그는 브리겟, 론진, 오메가 등의 브랜드를 롤렉스에 버금가는 고급 시계로 키운다는 계획이다. 이를 통해 2005년까지 매년 2억 5,000만 달러를 고급 시계 라인에서 벌어들인다는 계획이다.

지구촌 구석구석
월마트 왕국을 건설하라

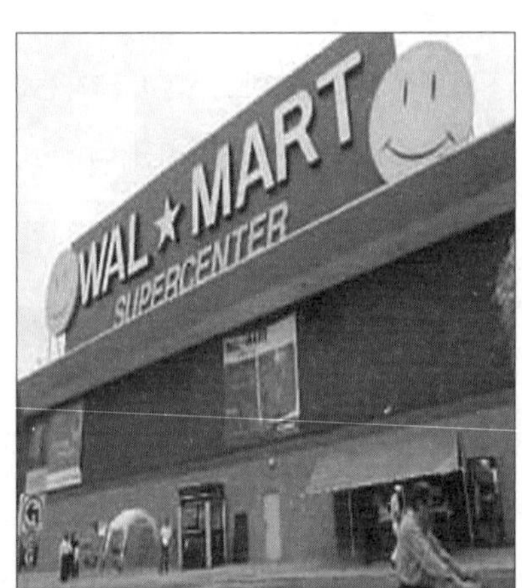

WAL★MART®

월마트(Walmart)

1962년 아칸소 주의 작은 마을에서 태어난 월마트는 40여 년이 지난 요즘 미국 최대 매출 기업으로 성장했다. 연간 매출이 2,380억 달러에 이르는 미국 경제의 바로미터다. 월마트는 저렴한 가격과 소도시 공략으로 K마트를 추월했다. 상시 최저가를 유지하기 위해 자체 소유한 3대의 인공위성을 통해 전 세계 산지 동향을 체크한다. 1996년에는 중국에, 1998년에는 한국에 진출했다. 2003년에는 경제 전문지 『포춘』에 의해 '가장 존경받는 기업'으로 선정되었다. 최근에는 금융업에 진출해 기존 금융 업계를 바짝 긴장시키고 있다.

필자는 2002년 여름 미국 테네시 주 제퍼슨이란 곳에 머물렀었다. 테네시 주는 미국에서도 손꼽히는 남부 시골이며, 제퍼슨은 인구 5,000여 명의 한적한 곳이다.

이 도시는 인구가 적어 구매력이 낮은 탓에 여느 대도시처럼 서비스, 유통 산업이 발달하지 못했다. 그저 시내 외곽에 월마트가 자리 잡고 있을 뿐이다. 하지만 이들에게 월마트는 독특한 구실을 한다. 학교 선생님과 학부형이 마주치고 시청 공무원과 주민들이 자연스럽게 인사한다. 월마트는 단순히 물건을 사는 '마켓'의 의미를 넘어섰다. 그들은 월마트를 '만남의 장소'로 인식하고 있다. 마치 1970년대 우리 나라 중소 도시의 '5일장' 분위기와 흡사하다.

월마트는 이렇게 가족적인 편안한 분위기로 다가갔다. K마트가 5만 명 이하의 도시는 채산성이 맞지 않다고 진출하지 않은 반면, 월마트는 5,000명 이하의 소도시에도 과감하게 진출했다. 경쟁자도 없고 모든 사람들이 간과하는 소도시에 진출해 단골 손님을 대거 확보한다는 전략이었다. 이를 통해 단골 고객의 구전 효과로 경쟁자들에 비해 광고 비용을 절약하면서도 충성스런 구매자를 확보할 수 있었다.

물론 월마트가 성공한 데에는 유통의 기본인 '저렴한 가격'이 제일 주효했다. 상시 최저가(EDLP, Every Day Low Price)라는 슬로건은 월마트의 트레이드마크가 됐다. 이를 위해 창업자 월튼은 글로벌 소싱에 초점을 뒀다. 월마트가 자체 소유한 3대의 인공위성을 통해 전 세계를 대상으로 산지 가격 동향을 체크해 지구상에서 가장 저렴한 원료를, 인건비가 가장 싼 곳에서, 최고의 가격 경쟁력을 갖춘 상품으로 만들어 매장에 투입했다. 트럭과 배송 센터에 대한 투자도 대폭 늘려 물품을 적기에 공급할 수 있도록 했다.

이러한 '고객 만족', '저비용 구조' 전략을 꾸준히 실행한 결과, 월마트는 마침내 2001년 매출액 기준 세계 최대 기업에 올랐다. 연간 2,380억 달러 어치를 팔아치우는 미국 경기 흐름의 바로미터가 됐다. 한국의 경제 상황을 알려면 남대문시장에 가고, 미국 경기를 느끼려면 중소 도시 월마트에 가보라는 말이 있을 정도다. 아이러니컬하게도 월마트의 영원한 경쟁자였던 K마트는 이 시기에 법원에 파산 보호를 신청했고, 현재 강력한 구조 조정 중이다.

위기가 곧 기회

하지만 월마트도 미국 경기 침체를 빗겨 갈 순 없었다. IT 버블 붕괴와 9·11 테러, 주가 폭락으로 이어지는 트리플 약세에 천하의 월마트도 기가 꺾일 수밖에 없었다. 유통 업체의 최대 악재는 소비심리 위축이기 때문이다. 그러나 이 과정에서도 월마트는 시장을 확대해 나가고 있어 주목받고 있다. 월마트는 '위기가 곧 기회' 라는 인식으로 이를 확장의 계기로 삼고 있다. 특히 2003년 들어 월마트의 과감한 투자가 눈에 띈다.

크게 두 가지로 나눌 수 있는데, 하나는 해외 점포 확장이고 또

월마트 이렇게 컸다

1962년 : 아칸소 주 로저스에 1호점 오픈	1991년 : 첫 해외 진출(멕시코시티)
1972년 : 뉴욕 증권거래소 상장	1996년 : 중국 진출
1979년 : 연매출 10억 달러 달성	1998년 : 한국 진출
(K마트는 1966년에 10억 달러 달성)	2001년 : 매출액 기준 세계 최대 기업 등극
1990년 : K마트 추월	2003년 : 『포춘』 선정, '가장 존경받는 기업'

하나는 금융업 진출이다.

월가의 애널리스트는 미국 시장
을 평정한 월마트가 이제 해외 시
장으로 눈을 돌렸다고 전했다. 리
스콧 월마트 CEO는 인터뷰에서
"우리는 계속해서 점포를 늘릴 것
이며 해외 시장 개척에 중점을 둘
것"이라고 강조했다. 월마트는 이
에 대비하여 해외 체인점 최고책임

리 스콧 월마트 최고경영자

자에게 대폭 권한을 위임시켰고 본부 직원들을 파견하는 등 현지
화 전략을 추구해 왔다.

해외 시장에서는 멕시코에 551개, 캐나다에 196개 매장을 갖추
는 등 미주와 유럽, 아시아 9개국에 진출해 있다. 특히 월마트는
중국 진출에 열을 올리고 있다. 월마트는 중국에서 20개의 조인트
벤처와 16개의 매장을 운영 중이다. 2003년 말까지 두 배로 확대
한다는 계획이다.

월마트 측은 해외 진출 성공의 관건의 철저한 현지화라고 강조
한다. 실제로 중국 월마트에는 식용개구리부터 인삼까지 현지 중
국인들이 필요로 하는 모든 것을 갖추고 있다. 월마트는 중국 제품
의 비교 우위를 인정, 2002년 홍콩에서 선전으로 국제 구매 센터
를 이전해 바이어 300여 명을 배치하기도 했다. 현재까지 중국 진
출 성과는 긍정적이다. 경제특구 선전 월마트의 경우, 지역 주민들
사이에서 선전시 최고의 마켓으로 인정받고 있다. 한국의 경우

1998년 7월에 진출, 2003년 현재 12곳의 매장을 운영 중이다.

월마트 해외담당부문 책임자인 존 멘저는 문화는 융합되는 것이라며, 월마트 문화가 유럽이나 아시아 지역의 독특한 문화에도 깊숙이 파고들 것으로 믿는다고 자신하고 있다.

금융업에도 박리다매 적용

한편 월마트가 금융업 진출을 선언, 기존 금융 기관들이 바짝 긴장하고 있다. 월마트 측은 "월마트가 일부 점포에서 실시해 온 현금 서비스와 자동이체, 우편환 등의 금융 서비스를 미국 전역으로 확대하고 있다"고 전했다. 이를 위해 맥킨지 출신의 제임 톰슨을 금융부문 책임자로 영입했다.

원래 월마트는 은행 인수를 통해 고객에게 금융 서비스를 제공할 예정이었다. 하지만 기존 금융 기관 및 규제 당국의 반대로 은행 인수가 어려워지자, 최근 일부 매장에서 시범적으로 은행을 소유하지 않더라도 제공할 수 있는 기본적인 금융 서비스를 제공하기에 이른 것이다.

월마트는 기존 사업 스타일처럼 금융 부문에서도 박리다매를 취할 계획이다. 월마트는 현재 은행들이 3 6%의 수수료를 매기는 기업 급여 수표에 3달러의 정액 수수료만 받을 방침이다. 우편환 송금 수수료도 건당 46센트로 결정했다. 또 GE캐피털, JP모건 체이스 등과 제휴하여 신용카드 사업도 활성화할 방침이다.

월마트가 미국 경제의 70%를 차지하는 소비 흐름을 대변하는 바로미터인 이상, 월마트의 확장 전략의 성패에 전 세계 경기 흐름이 요동칠 것이다.

커피를 갈아 금으로 만든다

스타벅스 (Starbucks)

1971년 시애틀의 조그만 커피숍에서 시작한 스타벅스는 연간 매출 30억 달러의 초대형 커피 전문 업체로 성장했다. 우리 나라에만 현재 61개의 매장이 있고, 명동 스타벅스는 전 세계 최대 매장으로 기록되어 있다. 슐츠 회장은 '커피 문화' 를 팔겠다는 각오로 안정적인 직장을 포기하고 스타벅스에 합류했다. 그 결과, 스타벅스는 단순히 커피를 마시는 곳이 아니라 재충전과 사교를 위한 장소로 자리잡게 되었다.

"우리 고장에도 스타벅스를 만들어 주세요."

1년 전 회자되던 일본 지방 여성들의 '스타벅스 짝사랑'이다. 이유는 스타벅스가 있어야 거리가 폼이 난다는 것. 일본 젊은 여성들은 도시의 수준을 도로 포장보다는 스타벅스의 유무를 가지고 판단한다는 얘기다. 현재 일본 전국에 스타벅스 매장은 총 420여 개. 대부분 도심부에 몰려 있다. 앞으로 일본 지방 곳곳에 스타벅스가 등장할 날이 머지않아 보인다.

한국도 예외가 아니다. 1999년 이대 앞에 1호점이 등장한 지 4년 만에 61개(2003년 3월 현재)로 규모가 커졌다. 정말 선풍적인 인기다. 명동 스타벅스는 전 세계 최대 매장이기도 하다. 미국 커피 전문점이 어떻게 한국에서 성공할 수 있었을까?

한마디로 말하면, '기본 뼈대는 유지하되 나머지는 철저히 현지화한다'는 전략이 맞아떨어진 것이다. 보통 미국에 있는 스타벅스 매장은 50평 미만이다. 하지만 한국 매장은 80평 이상이다. 한국인들이 넓고 편안한 자리를 선호한다는 문화적 특수성을 감안했기 때문이다. 서울 인사동 스타벅스는 아예 간판을 한글로 만들었다. 전 세계에서 유일하게 영어 간판이 아닌 한글 간판이다.

위치 선정도 잘했다. 스타벅스는 TV나 신문에 광고하지 않고 입소문에 의존한다. 위치 선정시 그 지역에서 가장 눈에 띄는 장소를 고른다. 비싼 임대료에도 불구하고 명동 한복판에 4층짜리 매장을 낸 이유도 이 때문이다.

스타벅스는 2002년 10~12월 매출이 전년 동기 25% 급증한 10억 달러를 기록했다. 전문가들의 예상을 훨씬 웃돌았다. 2002

년 매출은 31억 달러. 주가는 2001년 대비 40% 상승해 현재 주당 24달러 선에 거래되고 있다. 현재 스타벅스는 연성장률이 30%에 이르는 폭발성을 보이고 있다.

"커피를 갈아 금으로 만든다"는 찬사를 받는 슐츠 회장은 뉴욕 빈민가에서 태어났다. 시애틀 출장길에 우연히 스타벅스 커피 맛에 반하게 된다. 그는 1982년 안정적인 임원 자리를 포기하고 당시 점포 수 4개의 스타벅스 마케팅 책임자로 합류한다.

그는 이곳에서 단순한 커피가 아닌 '커피 문화'를 팔겠다는 목표를 세웠다. 슐츠의 예상대로 스타벅스는 단순히 커피를 마시는 곳이 아니라 재충전과 사교를 위한 장소로 각광을 받기 시작한다. 이제 커피는 단순한 후식이 아니라 주도적인 기호품이 된 것이다.

스타벅스는 가장 성공적인 브랜드 구축 사례

슐츠는 네 가지를 중시했다.

첫째, 이미지 마케팅. 그는 전체 체인점에 일관된 스타일을 강조했다. 밝은 나무색 톤과 초록색 로고로 하여금 세련되고 현대적인 분위기를 연출하게 만들었다. 또 커피 맛을 표준화하고 인테리어를 통일해 세련미와 아늑함을 동시에 느끼게끔 했다. 요즘 경영학 수업 시간에 스타벅스는 '가장 성공적인 브랜드 구축 사례'로 꼽힌다.

둘째, 새로운 시장 창출. 그는 고가의 제품으로 차별화를 시도했다. 이를 위해 좋은 품질의 커피를 안락한 분위기에서 제공했다. 또 점포 내에 커피믹서기, 머그잔, CD 등 다양한 제품을 판매해

스타벅스가 부지불식간에 일상 생활 내에 자리잡도록 유도했다.

셋째, 종업원 최우선 정책. 그는 고객만큼 종업원을 대우했다. 고객뿐만이 아니라 종업원도 왕이라고 강조했다. 1989년 아르바이트생을 포함한 전 사원에게 의료보험과 주식을 배정했다. 당연한 귀결이겠지만 회사의 배려만큼 종업원들의 충성심도 강해졌다. 스타벅스는 1997년, 1998년 연속으로 『포춘』에서 선정하는 '일하기 좋은 회사'에 선정되었다.

넷째, 항상 새로움 추구. 스타벅스는 1999년부터 샌드위치, 샐러드 등의 음식을 판매하기 시작했다. 미국 내 스타벅스 매장에는 『뉴욕타임스』와 현지 신문이 배달된다. 중국 현지 매장에서는 중국 고유의 차도 판매되고 있다.

이런 네 가지 전략을 바탕으로 스타벅스는 미국 경기 침체 와중에도 가장 성장력이 높은 회사로 주목받았다.

하지만 스타벅스의 앞날이 장밋빛인 것만은 아니다. 이유는 크게 두 가지인데, 커피 시장이 이미 포화 상태에 들어섰고 모방 업체들의 대거 등장으로 스타벅스의 수익성이 떨어졌기 때문이다. 일례로 미국과 캐나다에는 매장 수가 4,300여 개나 돼 이미 정점에 도달했다.

일정 지역에선 너무 많은 매장이 개설돼 스타벅스끼리 이전투구 양상을 보이기도 한다. 일례로 뉴욕 맨해튼에는 24제곱마일 안에 124개 매장이 영업을 하고 있다.

아시아 공략 및 인터넷 서비스 확대

스타벅스는 아시아를 비롯한 해외 시장 공략에 역량을 집중하기로 했다. 현재 1,200여 개 해외 매장이 있는데, 이는 북미 시장의 4분의 1 수준이다. 다시 말하면 이는 해외로 확장될 여지가 크다는 것을 의미한다. 스타벅스는 2003년 개장되는 1,200개 중 400여 개를 해외 몫으로 할당했다.

스타벅스는 현재 아시아·태평양 지역 14개국에서 현지 파트너와 조인트 벤처 형식으로 900여 개의 체인점을 운영하고 있는 중이다. 스타벅스는 1998년 이후 대만에 모두 102개의 체인점을 냈으며, 홍콩과 마카오, 베이징, 상하이, 선전 등 중국 본토에만 100여 개 점포를 냈다.

한편 스타벅스는 아직 진입하지 못한 아시아 유일의 메이저 시장인 인도를 공략하기 위해 현지 업체와 활발히 협상을 벌이고 있다. 스타벅스는 아시아에 6,000여 점포를 운영한다는 원대한 꿈을 가지고 있는데, 그런 면에서 중국과 인도 시장은 스타벅스의 봉이나 다름없다.

이러한 해외 진출 외에 스타벅스는 기존 매장 관리를 위해 인터넷 서비스를 확대하기로 했다. 2002년 8월에는 1,000여 매장에 초고속 무선 인터넷 서비스를 개시했다. PDA나 노트북을 가진 소비자들이 장시간 매장에 앉아 있도록 하려는 의도에서다. 매장에 머무는 시간을 늘려 자연스레 커피 소비를 늘린다는 계획이다. 집에서 커피를 주문하고 매장에 도착하는 즉시 찾아가는 서비스도 개시했다. 또 5달러에서 500달러에 이르는 스타벅스 카드를 발행해 매장 내에서 쓸 수 있도록 했다.

미국의 대형 서점 체인 반즈앤노블의 모든 체인점 안에는 스타벅스 매장이 있다. 책을 구입한 고객들은 대개 스타벅스 매장에 앉아 커피를 마시면서 구입한 책을 넘겨보곤 한다. 둘의 동거는 반즈앤노블의 제안으로 이루어졌다.
커피샵으로서의 스타벅스 이미지가 워낙 좋아 반즈앤노블은 자사의 서점 안에 스타벅스를 끌어들였다. 반즈앤노블은 스타벅스가 자사의 매장을 편안한 마음으로 오랫동안 머무르고 싶은 도서관처럼 만드는 데 기여할 것이라고 생각한 것이다.

좀더 신뢰 있게,
좀더 분권적으로

존슨&존슨 (Johnson&Johnson)

타이레놀과 밴드에이드로 유명한 존슨&존슨은 연매출이 330억 달러, 순익이 57억 달러에 이르는 다국적 기업이다. 40년간 빠짐없이 배당금을 지급한 회사로도 유명하다. 제약, 전문의료 용품, 소비재 부문의 3대 축으로 되어 있는데, 최근 제약 쪽 비중이 높아졌다. 이 회사 순익의 60%가 제약 부문에서 나온다.

존슨&존슨 경영대학원 수업 시간에 기업 윤리의 첫 번째 사례로 거론될 만큼 고객 신뢰를 중요시한다. 이 회사 신입사원들은 입사 초기에 우리의 신조(Our Credo)를 반복해 외우면서 '진정한 고객 만족'에 대해 배운다. 본사는 미국 뉴저지에 있고, 현재 윌리엄 웰던이 최고경영자를 맡고 있다.

2002년 엔론, 월드컴 스캔들이 터진 뒤 더욱 빛을 발한 기업이 있다. 바로 존슨&존슨이 그렇다. 이 사건을 계기로 '기업 윤리'라는 과목은 국내 경영대학원뿐만 아니라 미국 유수의 MBA 과정에도 필수 과목으로 등장하게 되는데, 존슨&존슨이 첫 번째 케이스로 다뤄지고 있다.

존슨&존슨 사례를 다룰 때 빠짐없이 거론되는 것은 타이레놀 케이스이다. 1982년 미국 시카고 지역에서 타이레놀을 복용한 환자 7명이 사망했다. 경찰 조사 결과 타이레놀에 독극물이 들어 있었다는 사실이 밝혀졌다. 타격이 만만치 않았다.

해열 진통제인 타이레놀은 1970년대에 개발돼 당시 존슨&존슨 총매출의 7%, 순익의 17%를 차지하던 주력 상품이었다.

명확히 따지면 존슨&존슨의 잘못이 아니었다. 그러나 이 회사는 책임을 회피하지 않았다. 존슨&존슨은 시카고 지역은 물론 미 전역에 걸쳐 타이레놀 리콜에 나섰다. 이 과정에서 존슨&존슨이 부담한 비용만 2억 5,000만 달러에 달했다.

고객 신뢰를 회복하려는 노력도 병행됐다. 3중 안전 장치를 갖춘 새 제품을 내놓고 고객을 안심시켰다. 소비자들은 존슨&존슨의 윤리적 태도를 다시 신뢰하기 시작했다. 1983년에는 진통제 시장 점유율 1위 자리에 복귀했다. 이후 타이레놀은 연간 매출액 15억 달러에 순익 1억 3,000만 달러를 달성해 회사의 효자 상품으로 되돌아왔다.

이처럼 이 회사의 경영 철학인 '우리의 신조(Our Credo)'는 다른 모든 것에 앞선다. "윤리적인 마음가짐 없이는 기업이 성공할 수 없다"는 존슨 회장의 가치관은 지금까지도 변함이 없고 앞으로도 그럴 것이다.

존슨&존슨은 제약, 전문 의료용품, 소비재 부문을 개발, 생산, 판매하는 회사다. 연매출이 330억 달러, 순익이 57억 달러인 대기업으로 40년간 빠짐없이 배당금을 지급한 회사로도 유명하다. 순익이 지난 3년간 22% 늘었고 주식 가격은 경기 침체에도 불구하고 보합세를 유지하고 있다.

회사의 기원은 1886년으로 거슬러 올라간다. 로버트 존슨이라는 사람이 있었는데, 그는 학창 시절 병원과 약국에서 파트 타임으로 일하면서 수술실 위생 상태가 엉망이라고 생각한 적이 많았다. 이

존슨&존슨의 우리의 신조

1. 우리의 첫째 책임은 우리 상품과 서비스를 찾는 의사, 간호사, 환자, 환자 가족 등 모든 사람에 대한 것이라 믿는다. 그들의 요구에 맞추기 위해 우리 상품은 항상 최고 품질이 유지되어야 한다. 우리는 적절한 상품 가격을 유지하기 위해 원가를 줄이는 노력을 끊임없이 기울여야 한다.

2. 우리의 둘째 책임은 전 세계 어디서나 우리와 같이 근무하는 모든 남녀 직원에 대한 것이다. 모든 직원은 각자가 한 인간으로 대우받아야 한다. 우리는 그들의 인간적인 존엄성을 중시하고 각 개인의 가치를 인정해야 한다. 우리는 모든 직원이 안심하고 직무를 수행할 수 있도록 해야 한다. 대우는 정당하고 적절해야 하며 근무 환경은 청결하고 잘 정돈되고 또한 안전해야 한다. 우리는 모든 직원이 그들의 가족에 대한 책임을 다할 수 있도록 세심히 배려해야 한다.

3. 우리의 셋째 책임은 우리가 생활하고 근무하고 있는 지역 사회는 물론 세계 공동체에 대한 책임이다. 우리는 선량한 시민이 되어야 하며 선행과 자선을 베풀고 적절한 세금을 내야 한다. 우리는 사회의 발전, 건강과 교육 증진을 위해 노력해야 한다.

4. 우리의 마지막 책임은 회사의 주주에 대한 책임이다. 우리의 사업은 건전한 이익을 올릴 수 있어야 하며 우리는 새로운 아이디어를 끊임없이 창출해야 한다. 연구 개발을 계속 수행해야 하고 혁신적인 프로그램을 기획해야 하며 실패할 경우 이를 극복해 나가야 한다.

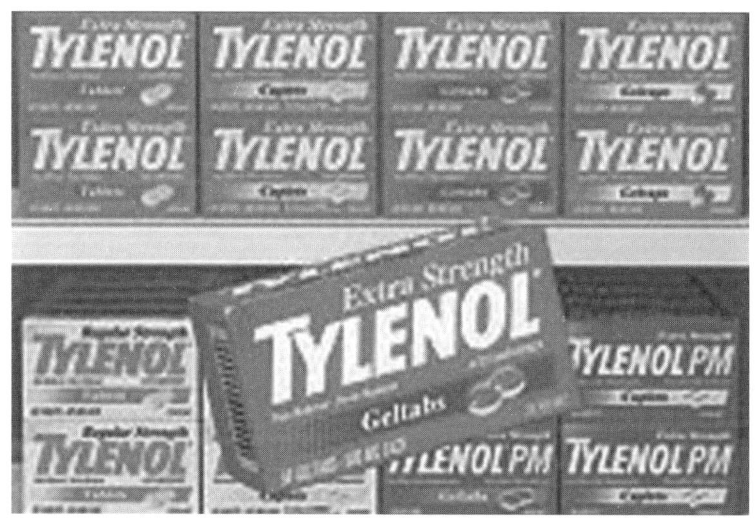

후 그는 제약 회사에서 일하면서, 어느 날 위생 상태 개선에 관한 강의를 듣게 된다. 강의를 들으며 그는 의료용품 사업이 인간의 삶의 질 개선에도 기여할 수 있고, 또한 사업성도 있다고 판단했다.

마침내 1886년 로버트 존슨은 사촌동생 제임스, 에드워드와 함께 존슨&존슨을 공동 운영하게 된다.

삼형제는 면과 거즈를 이용한 위생적인 수술용 붕대를 개발했는데, 판매 실적이 좋아 지역 내에서 유명한 위생용품 회사로 발돋움하게 되었다. 큰 공장도 지었다.

승승장구하던 회사를 한 단계 업그레이드시킨 것은 그 유명한 '밴드에이드'다. 회사 직원인 얼 딕슨은 음식을 만들다 칼에 손을 벤 아내의 상처를 치료하던 중 작은 구멍이 숭숭 뚫려 있어 공기가 통하고 혼자서도 손쉽게 붙일 수 있는 반창고를 고안해 냈다. 이 제품으로 존슨&존슨은 일약 세계적인 의료용품 메이커로 떠올랐다.

제약 부문 강화

예전에는 존슨&존슨에서 제약, 전문의료용품, 소비재 부문이 차지하는 매출 구성이 비슷했다. 하지만 1990년대 후반 이후 제약 부문을 중시하고 있다. 요즘 존슨&존슨의 순익 60%는 제약 부문에서 나온다.

랄프 라르센에 이어 현재 최고경영자를 맡고 있는 윌리엄 웰던은 부회장 시절 의약품 사업을 그룹의 최대 성장 산업으로 선정해 활성화시킨 인물이다. 단적인 예로, 그는 2001년 알짜배기 제약사 알자를 105억 달러에 인수했다. 알자는 붙이는 진통제, 니코틴 패치, 암 치료제 독실(Doxil) 등 대안적인 약물 전달 체계를 특화한 회사로 다수의 특허를 확보하고 있는 회사다.

최근에는 생명공학 기업인 스키오스를 24억 달러에 인수할 예정이라고 밝혔다. 존슨&존슨은 이 합병으로 심장 관련 신약을 자사 제품의 포트폴리오에 추가할 수 있게 된다.

개미군단으로서 기동성을 갖춘다

존슨&존슨은 여타 제약사와는 차별적인 전략을 구사한다. 다른 제약사들이 순수 연구 개발로 신약 개발에 중점을 두는 것과는 달리 존슨&존슨은 필요한 제품이나 기술 있는 회사를 사서 자회사로 두거나 라이센스 전략을 맺는다. 그리고는 이 회사의 국제적 배급망을 이용해 공격적인 마케팅을 전개한다.

이 같은 전략에 따라 지난 10년간 50여 개 회사를 자회사로 만들었는데 이들 가운데는 센토콜(레미케이드), 맥닐(타이레놀) 등이 있다.

하지만 중앙 통제는 거의 없다. 모양새는 재벌인데도 경영은 철저히 탈중심화되어 있다. 자회사의 모든 것을 그대로 두고 풍부한 자금과 판매망을 함께 제공할 뿐 아니라 필요하면 자회사 사업과 겹치는 모회사의 일정 부문을 떼내 자회사에 편입시키는 방법으로 성장을 돕는다. 이른바 "묶되 묶였다는 생각이 들지 않도록 묶는 것"이 이 회사의 비결이다. IBM 같은 대기업은 조직을 관리하기 어려워 공룡이 됐지만 이 회사는 개미군단으로서 기동성을 갖추었다 할 수 있다.

하지만 아무 회사나 인수하는 것은 아니다. 성장성이 없으면 과감하게 잘라 낸다. 최근 5년간 매각한 회사가 15개에 이른다. 최고경영자 웰던은 "그룹은 전체적으로 신선한 상태를 유지해야 한다"고 강조한다.

한국얀센은 인재 사관학교

한국얀센은 존슨&존슨의 한국 내 제약 부문 자회사이다. 요즘 이 회사의 영업 실적이 업계 내에서 화제가 되고 있다. 2002년 매출액이 1,260억 원에 이른다. 업계 관계자들은 "스마트한 영업사원들의 공격적인 마케팅 때문"이라고 입을 모은다. 가능성이 보이는 신입 사원들은 이 회사의 인재 선발 시스템이나 입사 후 혹독한 교육 시스템을 통해 업계 최고 몸값의 귀한 몸으로 다시 태어난다. 따라서 입사 3년 차부터 이 회사 직원들은 경쟁 제약 회사들의 스카우트 표적이 되곤 한다.

비결은 이렇다. 입사 면접 때부터 면면을 꼼꼼히 살피고 지원자들의 자존심을 꺾을 수 있는 질문까지 마구 퍼붓는다. 위기 대처 능력을 보기 위해서다. 채용이 결정되더라도 4주일 정도 혹독한 연수 과정을 넘겨야 된다. 이른바 의학 정보 전문인 양성 과정을 무난히 넘겨야 한다. 제품 정보, 의약품 개발 과정, 판매 기술, 의사 소통 등 매일 시험을 치러 80점 이상을 넘겨야 한다. 교육은 계속된다. 입사 후 6개월이 되면 리콜 교육을, 1년 후에는 리프레시 교육 과정을 이수해야 한다. 이러한 인재 양성 시스템 덕분에 요즘 국내 다국적 제약 기업엔 얀센 출신 인재들이 중간관리자부터 임원까지 곳곳에서 활약을 하고 있다.

미국식 경영으로 창조적 예술을 업그레이드시켜라

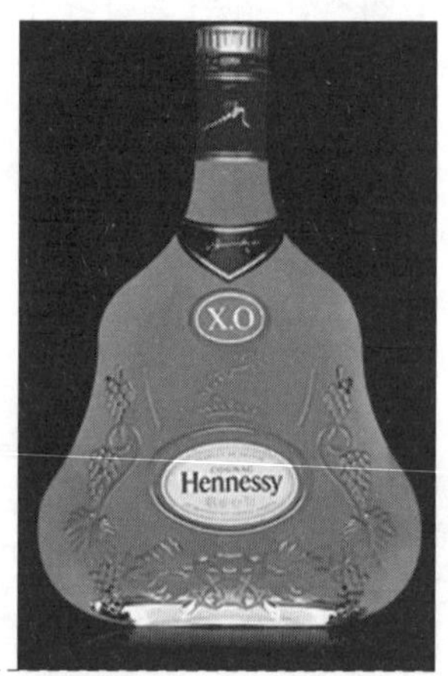

LVMH(Louis Vuitton Moet Hennessy)

LVMH는 루이뷔통, 지방시, 크리스찬 디오르, 헤네시 코냑을 거느린 세계 최대의 사치품 업체이다. 연간 매출이 106억 달러에 이른다. 이 회사의 성장에는 베르나르 아르노 회장의 역할이 90% 이상을 차지한다. 세계 패션계의 교황이라 불리는 아르노 회장은 1971년 헤네시 코냑 인수를 시작으로 30여 년 동안 끊임없이 인수 합병을 성사시켰다.

많은 경영학자들은 그의 경영 방식에 대해 "미국식 경영으로 창조적 예술을 업그레이드시켰다"고 평가한다. 처음에 그를 비난하던 유럽 경제인들도 이제는 그의 경영 스타일을 벤치마킹하고 있다.

한국인들은 '부자' 하면 두 명을 떠올린다. 고 이병철 회장과 정주영 회장이다. 때로는 비난의 대상이 되기도 했지만 사람들의 마음속에는 부러움이 더 크게 자리잡고 있다.

프랑스에도 두 부자가 있다. 삐노와 아르노. 삐노는 쁘렝땅백화점 등을 거느린 유통 그룹 PPR의 오너로서 프랑스 제1의 갑부다. 아르노는 루이뷔통으로 유명한 세계 최대 사치품 업체 LVMH의 오너다. 둘의 차이점은 삐노가 잭 와인버그라는 사람을 내세워 후방 정치를 펴는 데 반해, 아르노는 실질적인 경영을 한다는 점이다. 노출된 만큼 아르노는 집중 관심 대상이다.

아르노에 대한 수사는 셀 수없이 많다. 캐시미어 정장을 입은 늑대, 냉혹한 사업가, 패션 업계의 교황 등 대부분 별로 호의적이지 않은 비유들이다.

하지만 이면에는 인간적으로 끌리는 면이 많다. 어렸을 적부터 수재로 소문난 그는 프랑스의 명문 에콜 폴리테크닉에 조기 진학한다. 이 학교만 졸업하면 앞날이 보장되는 핑크빛 인생이 열려 있었다. 그는 이러한 온실을 거부하고 미국으로 사업을 하러 떠난다. '좀더 역동적인 삶을 살겠다' 는 이유에서다.

그에게 잘 연상되지 않는 엉뚱한 면도 있다. 그는 인터넷 혁명을 낙관하는 생각이 젊은 경영인이며, 문화 예술 지원에 절대 인색하지 않은 문화 애호가이기도 하다. 또한 오케스트라와 협연한 실력을 갖춘 아마추어 피아니스트이고 가족에 헌신하는 모범적인 가장이기도 하다.

미국 플로리다에서 고생한 덕분에 그는 상당한 재산가로 1971

년 귀국한다. 그리고는 파산 직전의 헤네시 코냑을 인수하며 명품 사업에 첫발을 내딛는다. 이때 시작된 그의 인수 합병은 오늘날까지 지속되었다.

끊임없는 인수 합병

1984년에는 크리스찬 디오르를 인수했다. 1987년에는 경영난에 처한 루이뷔통을 인수하면서 지금의 LVMH 그룹을 탄생시켰다. 1989년 LVMH는 태그호이어, 쇼메 등 시계 및 보석류에 진출했고 1997년에는 다국적 유통 전문 업체인 DFS와 세포라 등을 인수 합병하며 유통 시장에도 뛰어들었다.

아르노 회장은 당시 중소기업 형태의 전근대적인 방법으로 경영되던 유럽의 명품 브랜드를 하나씩 인수했다. 일각에선 비난이 거셌다. 오랜 역사를 지닌 예술품들을 돈으로 매수한다는 얘기였다. 이런 비난들은 그가 인수한 브랜드들이 이전보다 수십 배의 가치로 재탄생하면서 많이 수그러들었다. 1999년 한 해에만 15개 브랜드를 인수하는 데 150억 달러를 투자했다.

못 말리는 일본 여성들

"일본 여성들이 루이뷔통을 살렸다." 2002년 어느 날 한 신문의 헤드라인이다.
장기 불황이라는 일본 경제 상황에도 불구하고 일본 여성들은 루이뷔통이라면 자다가도 벌떡 일어난다. 루이뷔통을 위시한 유럽 사치품에 심할 정도로 집착한다. 루이뷔통에 따르면, 핸드백 등 패션, 피혁 제품의 전체 매출 가운데 일본 판매량이 무려 40%에 이른다고 한다. 또한 파리의 루이뷔통 매장 손님의 60%가 일본인이라는 얘기가 회자되기도 한다.
못 말리는 이야기 하나 더. 일본의 방송들은 길거리에서 여성들의 핸드백과 지갑 등을 즉석에서 점검해 진품 여부를 가리는 프로그램을 내보내는 등 여성들의 브랜드 구매 욕구를 자극하고 있기도 하다.

LVMH의 주요 명품

패션 가죽	루이뷔통, 지방시, 펜디, 셀린, 로에베
향수, 화장품	크리스찬 디오르, 겔랑
주 류	헤네시 코냑, 돔 페리뇽
보석, 시계	태그호이어, 쇼메, 드비어스
고가품 소매	DFS(공항 면세점), 세포라(고급 화장품), 이럭셔리(인테넷 소매 업체)

그러나 LVMH도 세계 경기 침체와 9·11 테러를 빗겨 갈 순 없었다. 주가가 1년 최고치에서 30%나 꺾이기도 했다. LVMH의 고가품 소매 부문은 공항 면세점인 DFS나 고급 화장품 소매 업체인 세포라 등의 영업 부진으로 2001년 3억 달러에 이르는 영업 손실을 내기도 했다.

하지만 최근 영업이 호전되고 있다. 일본과 한국 등 아시아 시장의 판매 호조와 비용 절감에 힘입어 2002년 영업 이익이 전년도에 비해 25% 증가된 14억 달러를 기록했다. 2002년 매출은 106억 달러였다. 요즘에도 루이뷔통 도쿄점은 주말이면 고객들이 줄을 서야 할 정도로 일본에서 폭발적인 인기를 끌고 있다.

2001년 출간된 그의 책 『창조적 열정』에는 자신의 경영 이념이 고스란히 담겨 있다.

가능하면 덩치를 키워라 아르노 회장은 "기업이 성장을 멈추는 것은 그 자체가 몰락"이라고 강조한다. 그는 끊임없이 발전하지 않는 기업은 의미가 없다고 말한다. 그래서 LVMH의 큰 원칙 중의 하나는 확대 재생산이다. 이 원칙은 왜 그토록 LVMH가 세계적인 브랜드의 인수와 합병에 열을 올렸는지 잘 설명해 준다.

시너지를 높여라 사실 요즘 LVMH 순익의 80%는 루이뷔통에서 나오고 있다. 이를 두고 일각에선 덩치만 컸지 실제로 수익을 내는 브랜드는 몇 개 되지 않는다고 비판하기도 한다. 그럼에도 불구하고 LVMH가 계속적으로 덩치를 키우는 것은 시너지 효과를 믿기 때문이다.

다양한 브랜드들이 LVMH 군단에 속하게 되면 스스로 크면서 그룹 내 브랜드에게 도움을 준다. 예를 들어 유통 업체 세포라는 1987년 인수했을 당시 프랑스 내에 57개 점포에 불과했지만 지금은 미국 내 70여 점포를 포함, 12개국에 400개로 급증해 LVMH의 안전한 유통망으로 활용되고 있다.

믿고 맡겨라 LVMH 경영 방식은 종종 구찌와 비교된다. 구찌는 브랜드의 중심축을 강하게 지킨다. 톱 디자이너인 톰 포드가 구두에서 의류, 향수, 넥타이에 이르기까지 모든 제품의 디자인에 관여한다. 반면 LVMH는 느슨하고 덜 중앙집권적이다. 아르노 회장은 각 브랜드는 독자적으로 경영되어야 한다고 주장한다. 본사의 역할은 전체 시스템 속에서 조화를 이루도록 유도하는 것이지 지나친 간섭과 통제는 창의성에 방해를 줄 수 있다는 생각이다. LVMH는 인수한 브랜드의 정통성을 존중하면서 새로운 창의성이 가미될 수 있도록 가능한 한 믿고 맡긴다.

요즘 미국 월가에서는 LVMH에 대해 설왕설래한다. 한편에선 경기 침체와 잇단 사업 실패 등을 거론하며 투자 의견에 대해 부정적인 전망이 있다. 다른 한편에선 경기가 부진해도 근본적으로 사치품 구매층은 별 지장을 안 받기 때문에 아시아 시장 호조에 힘입어 LVMH 매출이 늘어날 것이라는 의견이 있다. 또 LVMH는 지난 2년간의 사업 실패 및 인수 불발로 인해 역설적이지만 내실을 다졌기 때문에 회사가 더욱 튼튼해졌다는 의견도 있다.

견원지간이 되어 버린 삐노와 아르노

이 둘 사이는 2년 전 한 사건 때문에 완전히 틀어졌다. 향수, 패션, 보석 등 호화 제품은 물론 경매, 인터넷 사업에 이르기까지 유사 업종에서 치열한 선두 다툼을 벌이고 있는 두 재벌이 구찌 인수를 놓고 법정 공방까지 벌인 것이다.

두 재벌의 구찌 인수전은 1999년 3월에 시작됐다. 당시 아르노 LVMH 회장은 일방적으로 구찌 인수를 선언한 뒤 구찌 주식 34%를 사들였다.

위기를 느낀 도메니코 드솔 구찌 회장은 적대적 인수를 막기 위해 '백기사(white knight)'를 찾아 나섰다. 결국 삐노 PPR 회장은 구찌 지분 42%를 매집해 최대 주주가 됐다. PPR는 260억 프랑(4조 1,000억 원)을 증자, LVMH 지분을 20.6%로 끌어내렸다.

진노한 LVMH의 아르노 회장은 구찌가 법인 등록돼 있는 네덜란드에 구찌의 경영 책임을 묻는 4건의 소송을 제기했다. 언론과 증시에도 PPR에 불리한 정보를 흘리는 등 무차별 공격을 전개했다. 이렇게 해서 둘 사이는 금이 가 버렸다.

하지만 최근 구찌의 성적표를 보면, PPR의 구찌 인수가 겉으로는 성공적이었지만 안으로는 손해 보는 장사였다는 우려가 현실화되고 있다. 구찌 주가가 한동안 계속 떨어졌는데, 세계 경기 악화와 테러 사건 여파로 매출이 감소했기 때문이다.

내부적으로 PPR을 더 곤경에 빠뜨린 것은 주주들과의 약속이다. PPR은 주주들에게 "2004년 3월까지 주가가 101.5달러에 오르지 못할 경우, 나머지 소액주주들의 주식을 그 가격에 모두 사들일 것"이라 약속했다. 하지만 현재 구찌 주가는 84달러 주위를 맴돌고 있다. 게다가 현재 PPR의 부채는 60억 달러에 이른다.

처음에는 삐노가 승리한 듯 보였지만 현재는 누가 최종 승자인지 불분명하다.

원천 기술의 국제화로 성공

퀄컴(Qualcomm)

퀄컴은 CDMA(코드분할다중접속) 원천 기술 특허를 보유한 알짜 회사다. 우리가 현재 쓰고 있는 휴대폰의 중요 부품을 퀄컴에서 만든다. 지난해 전체 매출 27억 달러 가운데 30% 가량을 기술료로 벌어들였다. 예전에는 한국 업체들과 좋은 관계를 유지했으나 최근에는 기술료 문제로 원성을 사고 있다. 어윈 제이콥스 회장이 1985년 창업했으며 본사는 미국 캘리포니아에 위치한다.

경영학 시간에 사례로 자주 등장하는 스타 기업들이 있다. 문화 마케팅에선 스타벅스나 루이뷔통의 문화 연출(synthesis)을, 현지화 전략에선 LG 전자레인지나 삼성 애니콜의 국외 진출 사례를 얘기하곤 한다.

요즘 새롭게 각광받는 주제가 있는데, 바로 '원천 기술의 국제화'와 관련된 얘기들이다. 이와 관련해 퀄컴이 논문이나 사례에 자주 등장한다.

퀄컴의 사례에선 ① 안 쓰고는 못 배기는 핵심 기술을 보유한 점, ② 기술료 수입이 회사 매출의 30%나 된다는 점, ③ 다른 것 다 양보하고 칩 개발과 연구에 회사 역량을 집중시켰다는 점, ④ 적자 와중에도 오히려 연구비를 늘렸다는 점 등이 중요한 교훈이다.

서울대 임종원 교수(경영학)는 "퀄컴의 원천 기술 국제화 사례는 학위 논문으로도 손색이 없다"고 강조하기도 한다.

퀄컴은 우리 나라에도 잘 알려져 있다. CDMA(코드분할다중접속) 원천 기술 특허를 보유한 회사다. 우리가 쓰는 휴대폰 속 중요 부품 대부분을 퀄컴에서 만든다. 컴퓨터의 중앙처리장치(CPU)에 해당하는 MSM(Mobile Station Modem)칩과 BBA(Baseband Analog Processor)칩을 전량 미국 퀄컴사로부터 수입하고 있다. 이 때문에 국내 기업들은 퀄컴에 해마다 상당액의 기술 사용료를 지급한다. 우리 나라가 지난 1998년 이후 4년 동안 퀄컴에 칩 구매 비용 외에 기술료로만 1조 1,300억 원을 지급했을 정도다.

퀄컴은 2002년 전체 매출 27억 달러 가운데 29%인 7억 8,000만 달러를 기술료로 벌어들였다. 2002년 3/4분기에도 3억 6,000

만 달러의 흑자를 냈다. 같은 기간 필라델피아 반도체 지수가 19% 하락한 것을 떠올리면 경이적인 수치다.

때문에 서로를 바라보는 관점이 다르다. 퀄컴은 한국 기업을 '가장 긴밀한 협력 파트너'로 생각하지만, 우리는 퀄컴을 '올챙이 시절은 생각 안 하고 돈만 챙기는 얄미운 친구'로 여긴다. 실제로 CDMA 기술이 아직 실험실 수준에 불과하던 지난 1991년 한국이 이를 채택, 세계 최초로 상용화하는 바람에 퀄컴은 일개 벤처 기업에서 일약 대기업으로 성장했다.

현재 퀄컴의 가장 확실한 수입원은 한국 업체들이다. 중국의 차이나유니콤이나 인도의 릴라이언스 그룹과도 협력 관계지만 아직은 시원치 않다. 그렇기 때문에 퀄컴은 한국 경제에 민감한 반응을 보인다. 한국에서 단말기 보조금이 폐지된다는 소식에 퀄컴 주가가 떨어지기도 하고 단말기 수요가 살아난다는 뉴스에 반등을 기록하기도 한다.

중국, 인도 시장을 공략한다

하지만 퀄컴이 항상 즐거운 것만은 아니다. 고민도 많다. 내부 구성원들은 현 상황을 위기로 간주하고 있다. 확실한 수입원인 한국 시장이 이제 성숙기에 접어들었고, 기대한 만큼 미국이나 남미 시장이 제 구실을 못해 주기 때문이다. 뭔가 확실한 수익원을 찾아야 하는 시점이다. 그런 면에서 중국, 인도 시장은 퀄컴에 매우 중요하다. 퀄컴의 미래가 중국, 인도에 달려 있다 해도 과언이 아니다.

가만히 앉아 있을 수가 없다. 심혈을 기울여 시장을 만들고 물건

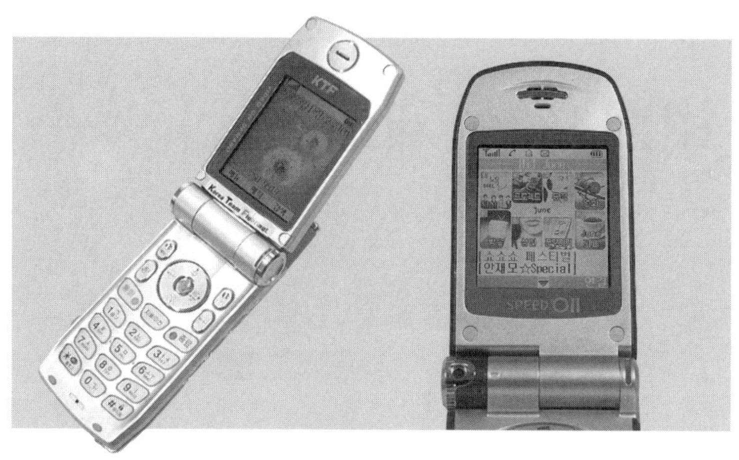

을 팔아야 한다. 퀄컴은 2002년 7월 베이징에 4,000제곱미터의 대규모 R&D(연구개발)센터를 건립했다. 인도에선 릴라이언스 그룹에 2억 달러의 지원을 약속했다. 그리고 한국 기업들에게 엄청난 비난을 들으면서도 중국에 더 낮은 기술료를 허락하기도 했다.

2002년 12월 제이콥스 회장은 "퀄컴은 중국과 인도가 CDMA 거점이 되기를 바란다"고 소망을 표시했다. 그는 "중국, 인도 시장은 불안하고 변수가 많지만 퀄컴으로서는 물러설 수 없는 아주 중요한 시장"이라며 투자 확대 이유를 밝혔다.

투자자들도 퀄컴의 아시아 확대 정책에 대해 긍정적으로 반응하고 있다. 크레디트 스위스 퍼스트 보스턴(CSFB) 증권은 2003년 초 퀄컴의 투자 등급을 '시장수익률하회(underweight)'에서 '중립(neurtal)'으로 상향 조정했다. CSFB는 중국이 CDMA 휴대폰에 대한 보조금을 계속 지급하고 있고, 인도의 CDMA도 조만간 상용화될 예정이며, 일본이나 한국의 시장 상황도 비교적 괜찮게 전개되고 있다고 설명했다.

소비자는 언제나 옳다

하이얼 (Haier)

하이얼그룹은 중국 산둥성 칭다오에 본사를 둔 중국을 대표하는 가전 업체. 한국에서는 아직 생소하지만 미국이나 유럽 등 선진국 시장에서는 이미 브랜드 이미지를 구축하고 있다. 선진국 시장을 먼저 공략한 후 후진국 시장에 진입하겠다는 하이얼그룹 국제화 전략이 주효하고 있는 셈.

산둥성 칭다오에서 독일 냉장고 생산 기술을 이전받아 칭다오 냉장고 제조창으로 출범했다. 시작부터 적자를 거듭해 147만 위안(약 2억 원) 손실을 내고 파산 위기를 맞게 된다. 이때 하이얼을 이끈 인물이 현재 수석집행관(CEO)을 맡고 있는 장루이민 회장. 2001년 매출액은 520억 위안. 창업 이래 연평균 81.6% 성장률을 보임으로써 중국을 대표하는 기업으로 자리 잡았다.

1984년에는 냉장고 한 품목만 생산했던 하이얼은 현재 에어컨, 세탁기, TV 등 가전 제품은 물론 컴퓨터와 휴대폰 등 58개 품목에서 9,200여 종류에 이르는 각종 전자 제품을 생산하고 있다.

중국이 몰려온다. 한국 기업의 '차이나 러시(China rush)'와 동시에 중국 업체들의 한국 진출도 본격화되고 있다. 한류(漢流)라고나 할까. 우선 중국 가전 업체들은 저가를 무기로 선풍기, 헤어 드라이어, 커피메이커 등 소형 가전과 에어컨, DVD, 컬러 TV 등에 이르기까지 무차별로 국내 시장을 파고들고 있다.

중국 가전 제품의 수입 규모는 지난 1999년 3억 6,900만 달러, 2000년 5억 3,000만 달러에서 2001년에는 6억 8,800만 달러까지 늘어났다.

선두 주자는 단연 하이얼. 하이얼은 1984년 칭다오의 작은 도로변 공장에서 냉장고 74대를 생산하는 수공업 수준에서 출발했지만, 2000년에는 매출액 6조 6,000억 원의 세계적 기업으로 성장했다. 미국『포춘』선정 500대 기업에 선정될 정도로 세계 가전 업체 중 발전 속도가 가장 빠른 기업이다.

『타임』은 2002년 1월 28일자에 '월풀이여, 주의하라!'는 제목의 기사를 실었다. 월풀은 2001년 매출액 103억 달러의 미국 백색 가전 업계의 강자. 타임은 월풀을 위협할 경쟁 업체로 중국 최대 가전 업체 하이얼을 지목했다.

하이얼은 '하이얼의 국제화, 국제화의 하이얼'이라는 목표 아래 세계 각지에 13개의 제조 공장을 만들었다. 단순히 수출을 늘리는 것뿐 아니라 해외에 제조 기지와 판매 네트워크를 형성, 스스로의 사업을 구축한다는 전략이다.

전 세계 40개국에 수출하며 최근에는 현지 법인을 세우거나 현지 회사를 합병하는 방법을 통해 외국 진출을 가속화하고 있다.

2002년 1월에는 일본 산요전기와 합작으로 일본 시장에 본격 진출하기 시작했다. 국내에서는 SK와 제휴를 맺고 가전 시장을 공략하고 있다.

미국 시장은 1999년 현지 법인을 세워 자력으로 개척해 오고 있다. 미국 진출의 상징은 뉴욕 중심부 브로드웨이에 위치한 그리스 신전 모양의 빌딩. 2002년 3월에는 '하이얼 빌딩(The Haier Building)'이라 씌어진 간판도 내걸었다. 하이얼은 이 건물을 현지 은행으로부터 1,400만 달러에 매입, 미국 시장 공략의 '사령부'로 쓰고 있다. 하이얼 미국 법인은 설립 4년 만인 2002년 매출액 5억 달러를 달성했다.

월마트에 전시된 하이얼 제품은 경쟁사 제품보다 10~20% 정도 싸다. GE사의 가장 싼 소형 냉장고가 89달러인 데 반해 하이얼 제품은 75달러에 불과하다.

중국 가전 시장 상위 브랜드

순위	업체명
1위	미쓰비시(일본)
2위	삼성(한국)
3위	지멘스(독일)
4위	필립스(네덜란드)
5위	소니(일본)
6위	하이얼(중국)
7위	창훙(중국)
8위	파나소닉(일본)
9위	도시바(일본)
10위	TCL(중국)
11위	LG(한국)
12위	히타치(일본)

(자료 : 경제참고보(經濟參考報) 2002년 7월)

현재 미국 유통 업체 상위 10개 가운데 8개가 하이얼 제품을 취급하고 있다. 하이얼 제품은 대부분의 매장에서 높은 가격 경쟁력을 무기로 가장 목 좋은 곳에 전시된다. 특히 원도어 소형 냉장고의 시장 점유율은 50%가 넘는다.

한 일본계 가전 업체 미국 법인 사장은 "강력한 판매망을 가진 유통 체인점들이 신경을 쓸 정도로 하이얼 제품은 경쟁력을 확보하고 있다"며 "과거 중국 제품은 품질이 나쁘다는 이미지가 있었지만 이제 한국제, 일본제와 아무런 차이가 없다"고 평가했다.

성공 비결 1 소비자는 언제나 옳다

하이얼이 미국 진출 3년 만에 이렇게 성장할 수 있었던 비결은 뭘까. 1999년 진출 당시 하이얼은 무명에 가까웠고 외국 진출 경험도 짧았다. 반면 한국과 일본 업체는 미국 시장에 탄탄한 기반을 갖추고 있었다.

대부분의 중국 업체들은 자력으로 진출하는 것이 어렵다고 판단하여 미국 업체와 손잡고 OEM 방식을 채택했다. 그러나 하이얼은 반대였다. 고유 브랜드로 승부를 보기로 한 것이다. 장루이민 회장은 "중국에서처럼 고객 욕구를 충실히 반영하면 미국 소비자에게도 좋은 반응을 얻을 수 있다고 확신했다"고 말한다.

1999년 미국 진출 직후 발표한 허리 높이 크기의 소형 냉장고는 장루이민의 확신을 성공으로 보여 준 최초의 제품이다. 그는 "여러 명이 쓰는 기숙사나 자취방에서 학생들은 나만의 냉장고를 갖고 싶어한다"고 말한다.

하이얼은 학생들의 요구를 바탕으로 잠금 장치를 한 소형 냉장고를 100달러에 선보였고 숙박업계의 목소리에 귀 기울여 서리 제거 기능 소형 냉장고도 개발했다.

하이얼이 현지 사정에 맞는 제품을 개발할 수 있었던 것은 '시장 링크'라고 하는 하이얼만의 독특한 개발 시스템 때문에 가능했다.

하이얼의 제품 개발자는 고정급이 아니라 개발 제품에 따라 보수를 받는다. 시장이 요구하는 제품을 개발자가 스스로 찾아내서 상품화하여 시장에 내놓는다. 잘 팔리면 제품 개발자도 그만큼 보수를 더

받는 방식이다.

일반 기업에서 상급 부서로부터 개발을 지시 받아 제품 개발에 들어가는 것과 다른 방식이다. 상급 부서로부터 지시를 받으면 시장에서 소비자가 진정으로 요구하는 상품이 무엇인지 관심을 갖지 않게 된다. 장루이민은 "하이얼은 수동적인 제품 개발 시스템을 갖고 있지 않으며 우리는 시장과 직접 연계된 개발과 판매, 즉 '시장 링크'를 채택하고 있다"고 강조한다.

하이얼은 시장 링크 방식에 의해 현지 수요에 맞춘 특화된 제품을 개발한다. 가령 티베트에서 '버터를 만들 수 있는 세탁기'를 개발한다든가 고구마 산지에서 '흙투성이 고구마를 씻어 낼 수 있는 세탁기'를 판매하는 것이 좋은 예이다. 이 밖에 책상 겸용 소형 냉장고, 독신자용 식기 세척기, 근시 방지 TV 등도 시장의 목소리를 반영한 제품들이다.

 ## 백색 가전에 집중한다

하이얼의 또 다른 성공 요인은 백색 가전에만 집중했다는 점이다. 하이얼은 중국에서는 TV, 컴퓨터, 휴대 전화 등 다양한 제품을 생산한다. 하지만 미국에서는 백색 가전으로 단순화했다. 음향과 영상 분야에서는 한국과 일본 기업의 장벽이 너무 높다고 판단했다. 대신 백색 가전은 수송 비용 문제로 한국과 일본 업체가 상대적으로 취약하다는 점을 간파했다. 장루이민은 "일본은 가전 강국이다. 일본 기업과 정면으로 경쟁하는 방식은 실패할 것"이라고 말한다.

하이얼은 냉장고를 시작으로 세탁기, 식기세척기, 다리미 등으로 범위를 넓혀 가고 있다. 2002년 1월부터는 다롄에서 생산한 다리미를 미국에 수출하기 시작했다. 사우스캐롤라이나에 건설한 냉장고 공장을 가동하는 등 현지 생산도 늘려 가고 있다. 장루이민은 "중국 브랜드가 아닌 미국 브랜드로 인식하게 하는 것이 우리 목표"라고 말한다.

장루이민 회장

장루이민은 1949년 중국 산동성 차이저우에서 태어났다. 그는 고졸 학력에 비공산당원 출신으로 세계적인 기업가로 성장, 중국 인민들의 선망의 대상이 되고 있다. 고등학교 졸업 후 시골에서 강제 노역을 했고 1984년까지 칭다오의 한 조그만 회사에서 근로자 생활을 하다가 1984년 칭다오냉장고의 공장장으로 승진 발령 받았다.

장루이민은 그후 만년 적자의 칭다오냉장고를 17년 만에 세계 1위의 냉장고 회사로 키웠다. 특히 그는 불량 냉장고가 계속 나오자 76대의 불량 냉장고를 직접 해머로 부순 후 "우리에게 봉급을 주는 것은 공산당 정부가 아니라 소비자"라며 직원을 독려한 것으로 유명하다. 1999년에는 『비즈니스위크』가 선정하는 아시아 50명의 풍운아에 뽑히기도 했다.

장루이민은 "미국을 시작으로 EU, 일본으로 진출할 계획"이라
고 밝혔다. 하이얼은 최근 들어 한국의 컨설팅 업체를 통해 10여
개 국내기업들과 합작 및 기술 제휴를 검토하고 있다. 청소기, 다
리미 등 하이얼이 생산하는 가전 제품을 판매하는 한편 한국의 첨
단 기술도 이전받기 위해서다. 장루이민 회장은 하이얼을 세계 3
대 가전 업체로 키울 욕심을 갖고 있다.

TOYOTA= Made in USA?

일본에서 가장 존경받는 기업은 어딜까. 『포춘』은 2003년 3월 10일, 일본에서 가장 존경받는 기업으로 도요타자동차를 꼽았다. 전 세계적으로도 다섯 손가락 안에 들고 미국계 기업을 제외하면 단연 최고다.

미국 뉴저지에서 간선 도로를 타고 뉴욕으로 들어가다 보면 도요타자동차 광고를 볼 수 있다. 이 광고 간판은 미국에 살고 있는 일본인들의 자존심이다. 일본 경제가 아무리 비틀거려도 자동차만은 여전히 세계 최고라고 시위하는 듯한 모습이다.

'미국 현지 판매 178만 대, 일본 국내 판매 222만 대'. 도요타의 2002회계연도(2001년 4월~2002년 3월) 판매 실적이다.

도요타는 미국 시장 점유율을 높이기 위해 북미 지역 현지 공장의 생산 능력을 대폭 확장키로 했다. 도요타자동차는 2003년 안에 캐나다와 미국 내 4개 현지 공장의 생산 능력을 18% 늘린 연 148만 대 수준으로 확장할 계획이다. 2005년부터 멕시코의 바자 공장을 가동하게 되면 북미 지역의 전체 고용자 수는 3만 3,000명으로 늘어나게 된다.

도요타는 요즘 최대한 미국 현지화에 열을 올리고 있다. 그럴 수밖에 없는 이유가 있다. 우선 미국에서 차를 한 대 파는 것이 일본에서 파는 것보다 마진율이 두 배 이상(13% : 5%) 높다. 게다가 일본 내수 시장은 경쟁이 심하다. 도요타는 일본 자동차 시장에서 43%의 점유율을 보이고 있지만 과거와 같은 우월한 지위는 잃어 가고 있다. 혼다, 닛산이 바짝 추격하고 있다. 유럽이나 동남아 실적도 그다지 좋지 않다. 유럽에서는 판매 순위에서 겨우 10위권에 든다.

오쿠타 히로시 회장

　상황이 이렇자 도요타는 판매 실적과 순익이 좋은 미국 시장에 최대한 의존할 수밖에 없다. 배수진을 친 결과 미국 시장에서 엄청난 신장세를 보이고 있다. 소비자 반응도 최고다.

　도요타는 미국 소비자보고서(Consumer Report)가 발표한 2002년 베스트카 10개 부문 중 4개 부문에서 최고 차로 선정됐다. 이 보고서는 도요타가 소형 스포츠 레저용 차량(SUV), 중형 SUV, 픽업 부문, 환경 친화 부문 등에서 최고의 차로 선정됐다고 발표했다. 자동차 딜러인 로베르토 카스티로(38)는 "지금까지 포드, 폰티악, 현대, 도요타 딜러상을 다 해봤지만 도요타자동차를 팔기가 가장 쉽다"며 도요타를 추켜세웠다.

　판매 실적도 좋다. 도요타의 미국 시장 점유율은 2003년 2월 현재 10%로 4위를 차지하고 있다. 3위 다임러크라이슬러(점유율 14.5%)를 따라잡는 것은 시간 문제다. 도요타 CEO인 조 후지오

사장은 "앞으로도 최대한 미국화할 것"이라며 "미국 시장에서 성공하기 위해 무슨 일이든 할 준비가 돼 있다"고 말할 정도다. 철저한 미국 현지화만이 도요타의 살길이라는 얘기다.

세계화 전략 1   최종 결정은 현지 본부장들이 한다

도요타는 현지화를 위해 가급적 웬만한 프로젝트나 결정은 미국 현지 본부장들이 직접 판단하도록 했다. 가령 미국에서 히트한 캠리(camry)나 툰드라 픽업(tundra pickup) 등의 디자인은 현지 디자인팀에서 독자적으로 만든 작품들이다.

도요타는 지난 1957년 일본에서 히트한 크라운을 갖고 미국에 진출했을 때 쓰라린 패배를 경험했다. 이때 도요타는 일본에서 잘 팔리는 차가 미국에서도 잘 팔리는 것은 아니라는 점을 처절히 깨달았다. 이 후 도요타는 미국 시장을 겨냥해 미국 소비자들이 원하는, 그리고 미국 현지 지형에 맞는 자동차를 생산하기로 했다. 참고로 현대자동차의 산타페가 미국에서 좋은 반응을 얻고 있는 것도 현지 디자이너들이 직접 디자인했기에 가능했다. 도요타가 원하는 차량이 아닌 소비자가 원하는 제품을 생산하니 팔리지 않을 수 없는 것이다.

세계화 전략 2 현지 업체와 제휴하라

도요타는 또 현지 업체와 제휴 관계를 맺어 시장 진출의 발판으로 삼았다. 현지 업체와 제휴하면 대량 생산의 이점을 살릴 수 있다. 특히 수익성 낮은 소형차는 비용 절감을 위해 대량 생산이 필수다.

도요타는 과거에도 '전방위 외교'를 펼친 것으로 유명하다. 미국 GM사와는 공동 생산 거점을 확보하고 있고 독일 폴크스바겐과는 공동 판매망을 구축하고 있다.

유럽에서는 프랑스의 푸조시트로앵(PSA)과 공동으로 소형 승용차를 개발해 유럽 시장을 공략하고 있다. 도요타의 유럽 시장 점유율은 3%로 일본 43%, 북미 16%와 비교해 턱없이 낮은 수치다. 적자도 수년째 계속되고 있다.

도요타는 2002년 1월부터 프랑스 발란시아노에 신 공장을 가동해 '야리스'를 현지 생산하기 시작했다. 배기량 1,000cc 이하인 야리스는 가격이 9,500~13,000유로로 경쟁사인 폴크스바겐의 경우 9,600유로여서 가격 경쟁력은 매우 크다.

세계화 전략 3 구매자 연령을 낮춰라

한편 도요타는 더 적극적인 시장 공략을 위해 대대적인 청소년 마케팅에 나섰다. 도요타는 '후예, 후손'이란 뜻을 지닌 '사이언'이란 브랜드를 선보였다. 도요타의 목표는 현재 44세인 구입 고객의 평균 연령을 낮추는 것이다.

도요타는 '렉서스' 브랜드로 고급차 시장을 선점했지만 혼다나 폴크스바겐에 젊은층 시장을 장악 당해 내심 위기감을 느끼고 있었다. 이나바 요시 미국 법인 사장은 "더 철저한 현지화를 위해서는 젊은층 공략이 최선의 길"이라 신차 시판 이유를 밝혔다.

 ## 미개척 시장을 선점하라

자동차 보급률이 낮은 아프리카나 러시아 극동 지역을 가면 도요타의 붉은색 픽업 트럭을 볼 수 있다. 도요타는 포화 상태에 이른 자동차 시장을 돌파하기 위해 인도, 중국, 러시아를 3대 미래 시장으로 선정해 놓고 있다.

인도는 연간 30억 달러 규모로 아시아 제4위의 자동차 시장이다. 도요타는 2010년까지 인도 시장 점유율을 10%까지 올릴 목표를 세워 놓고 있다.

도요타가 저가 소형 승용차 개발에 힘을 쏟는 것은 동유럽 시장을 본격 겨냥하고 있기 때문이다. 따라서 생산 거점도 인건비가 싼 동유럽 지역으로 선정될 가능성이 높다. 특히 폴란드에는 도요타가 이미 기어 공장을 갖추고 있고 푸조도 조립 공장을 가동하고 있기 때문에 유력한 후보지로 꼽히고 있다. 기존 생산 시설을 잘 활용하면 생산비를 절감할 수 있기 때문이다.

작지만 강한 이유는
시장 반응에 빠른 탓

파슬(Fossil)

1984년 설립된 파슬은 복고풍 패션 시계로 돌풍을 일으켰다. 1984년 당시 오퍼상이었던 톰 커티스 사장은 1984년 홍콩을 방문했다가 150달러짜리 유럽풍 손목 시계가 35달러에 팔리고 있는 사실에 주목하여 이 분야에 뛰어들었다.

처음에는 스와치, 게스 등 기존 거물들과 비슷한 제품으로 맞섰으나, 1950년대식 스타일에 주석 상자로 포장한 시계를 내놓았다. 이는 소비자들의 향수를 자극하기에 충분했고, 케이스는 수집 붐까지 일으켰다.

파슬은 매년 200개 이상의 새로운 손목시계 디자인을 내놓고 있다. 창업 이후 매출액이 연평균 58% 증가, 2001년 5억 4,500만 달러를 기록했다. 현재 CEO는 코스타 커티스이며, 본사는 미국 텍사스 주 리처드슨에 있다.

미국 텍사스 주 리처드슨에 본사를 둔 패션 시계, 액세서리 전문 기업 파슬은 미국 최고 투자전문가 워렌 버핏이 주목하는 기업이다. 파슬의 영업 실적을 살펴보면 워렌 버핏이 왜 주목하는지를 알 수 있다.

파슬은 2000년 매출이 5억 428만 달러, 순이익은 5,588만 달러로 기업 규모는 크지 않지만 순이익 비중이 11%에 달해 미국 소비재 분야 기업 평균 2.04%보다 압도적으로 높은 수준을 보이고 있다. 거기다 1996년부터 2000년까지의 5년간 평균 성장률 22.7%, 평균 총자산 이익률(ROA) 17.6%는 소비재 분야 기업 평균 2배에 해당한다. 또 주주 지분 비율 71%에다 차입금은 전혀 없는 초우량 재무 구조를 갖고 있다.

우리 나라에서 파슬의 지명도는 그다지 높지 않다. 그러나 미국에서 브랜드 인지도는 80%로 패션 시계 분야에서 확고한 입지를 구축하고 있다. 더구나 이미 포화 상태에 이른 손목시계 시장에서 매년 20% 이상 고성장을 기록하고 있다.

이제껏 파슬의 경영 기법은 철저하게 베일에 가려져 있었다. 파슬은 1984년 설립돼 1993년 나스닥에 상장됐다. 그러나 파슬 경영진들은 언론과의 접촉을 꺼려 왔다. 기업 투자 설명회에도 재무 담당자만 겨우 참석한다.

창업자 톰 커티스 회장은 주주들을 위한 연차 보고서에는 물론이고 기업 안내 책자에도 경영진의 사진이 게재되는 것을 금지했다. 미국에서 좀처럼 보기 어려운 '경영진 얼굴을 공개하지 않는 기업'이 바로 파슬이다.

파슬의 성공 비결은 히트 상품에 대한 효율적인 재고 관리다. 판매 책임자 리처드 가든은 "상품을 시장에 내 놓는 것은 누구나 할 수 있다. 정말 장사를 잘하는 사람은 언제 후속 모델을 시장에 내놓을지 정확한 시점을 포착할 줄 아는 사람"이라고 성공 비법을 공개했다.

실제로 파슬의 재고 관리는 전 과정이 철저하게 과학적으로 이뤄진다. 신상품이 나오면 우선 미 전역 19개 직영 대리점에서 2,000개를 2주간 시험 판매한 다음 여기서 나오는 판매 자료를 토대로 세계 시장에서 3개월간 팔릴 제품 수요를 예측한다.

이 예측은 대개 오차 범위가 5% 이내로 정확하다. 상품별 예측 자료를 기준으로 홍콩에 있는 생산 거점에 발주하면 2, 3개월 안에 모든 대리점에 전시된다.

각 점포의 판매 자료는 매주 본사로 수집된다. 여기서 350여 종류별로 판매량을 합산해 매주 순위를 매기고 표를 작성한다. 이 표에는 과거 2주간, 한 달간, 반 년, 1년 단위로 판매 순위와 직영 대리점과 주요 판매점의 최근 1주간 판매량과 재고량의 비율이 바로 옆에 표시된다. 재고 관리 담당자 25명은 이 표를 바탕으로 각 제품의 판매 증감, 판매량 대비 재고율을 종합적으로 점검한다.

예를 들어 제품 A의 최근 1주간 판매 순위가 과거 1개월보다 낮다면 이 제품 판매는 분명히 내림세를 보이고 있으나 주당 판매 수량과 재고량 비율이 8% 이상이라면 추가 생산을 주문한다. 하지만 계속해서 판매량이 줄어 1주간 판매량이 재고량의 5% 아래로 떨어지면 생산 발주를 중단하고 창고에 남아 있는 재고를 아울렛 매장 등에서 낮은 가격으로 판매하기 시작한다.

파슬이 이처럼 재고 관리에 신경을 쓰는 이유는 취급하는 시계, 액세서리, 의류 등은 제품 특성상 수명이 짧기 때문이다. 제품 회전율이 떨어진 상태에서 계속 전시되면 매출이 떨어질 뿐 아니라 신상품을 전시할 기회도 잃게 된다. 이 점은 의류 회사 갭이 재고 관리에 실패해 몰락의 길로 들어선 것과 대조적이다. 이 때문에 매

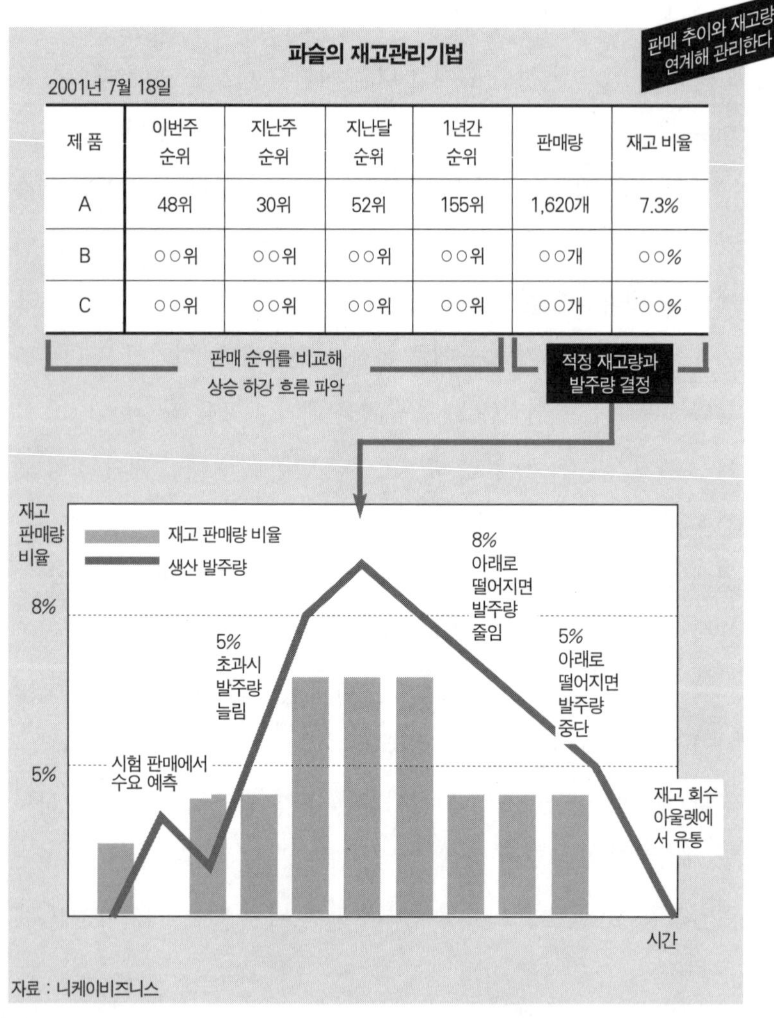

장의 매력도 낮아지고 고객 발길도 멀어지는 악순환이 반복되는 것이다.

변화무쌍한 시장 움직임을 따라가기 위해서는 조금만 판매가 둔화하면 즉시 매장에서 철수시킨다. 이 점이 파슬만이 갖고 있는 재고 관리 핵심이다. 이러한 노력 결과 재고 회전 일수는 매년 감소하고 있다. 반면 매출은 매년 늘어나고 취급 품목 수, 판매 지역도 점점 확장되고 있다.

성공 비결 2 돌격 개발 생산 체제 – 협력 공장끼리 경쟁

이처럼 높은 재고 회전율이 가능한 것은 파슬만의 소위 '돌격(rush) 개발 생산 체제' 때문이다. 돌격 개발 생산 체제는 고객 욕구를 최단기간에 파악해 가능한 빨리 제품을 시장에 투입하는 전략이다.

파슬이 매년 선보이는 신제품은 600종이 넘는다. 100명의 시계 디자이너들은 연 5회 신제품 발표회를 연다. 디자이너들은 마케팅 부서에서 담당하는 시장 조사에 매번 동행해 수시로 변하는 소비자 욕구를 파악하고 이를 스케치한다.

이때 스케치한 초안은 늦어도 사흘 안에 3차원 컴퓨터 그래픽을 이용한 설계도로 만들어진다. 설계도는 곧장 홍콩 생산 거점으로 보내지고 직영 5개 공장과 20개 협력 공장에서 생산에 착수한다. 생산 관리 책임자 데이비드 브랜드는 "협력 공장끼리도 납기일, 비용, 품질 등 강점이 각기 다르다. 따라서 협력 공장끼리 서로 경쟁하고 있는 셈"이라 말한다.

특수 액정이나 반도체를 필요로 하는 일부 제품을 제외하면 대부분의 제품은 설계도 전송에서 제품 완성까지 2~4개월이면 충분하다. 협력 공장 가운데 하나인 세이코인스트루먼트(SII) 나카하라 요우 시계사업부 마케팅 부장은 "세이코는 디자인에서 견적 산출까지 한 달, 제품 시판까지 반 년에서 1년까지 소요되는 데 비해 파슬은 설계도를 전송할 때부터 가격과 수량을 미리 정해서 발주해 시간을 절약하고 있다"며 파슬의 생산 속도에 혀를 내두른다. 홍콩에서 만든 시계를 미국 시장에 판매하는 상사로 시작한 파슬의 성장 원동력은 다름 아닌 가장 싼 제품을 가장 효율적으로 시장에 유통시키는 데 있다.

파슬은 요즘 새로운 전략을 모색하기 시작했다.

첫 번째 전략은 외국 시장 개척이다. 파슬은 이미 유럽 시장에 진출해 매출의 30%를 이곳에서 올리고 있다. 현재는 두 번째 큰 시계 시장인 일본 공략을 목표로 삼고 있다. 이를 위해 파슬은 SII와 협력해 일본 시장 진출을 모색하고 있다.

두 번째 전략은 고급 브랜드 이미지 확보다. 중저가 이미지가 강한 파슬을 고급 브랜드로 부각시키는 것이다. 파슬은 1997년 '엔폴리오 - 아루마니' 등 고급 브랜드 면허를 획득해 이 분야의 포석을 착착 진행시키고 있다. 한 경영 간부는 "가까운 시일 내에 스위스제 시계를 개발 판매하는 부분을 분사해 '구찌' 같은 고급 브랜드 면허를 확보하겠다"고 경영 전략을 밝혔다.

물동량을 늘리고 허브 센터를 활용한다

UPS (United Parcel Service)

96년 역사를 자랑하는 UPS는 미국 최대 소화물 택배 전문 회사다. 창업자 제임스 케이시는 1907년 친구로부터 100달러를 빌려 시애틀에 사무실을 내고 개인 메신저 및 배달 서비스를 시작했다. 1910년대 들어 소매 상점을 상대로 소화물 배달을 전문으로 했으며 2차 대전 후 전국적인 택배 서비스 업체로 성장했다. 1988년에는 항공 화물을 시작해 현재는 미국에서 9번째로 큰 항공사다.

2003년 현재 하루 평균 1,360만 개의 화물을 배달하며 매일 화물을 픽업하는 고정 고객도 180만 명이 넘는다. 2001년 매출은 306억 달러였으며, 본사는 미국 애틀랜타에 있다. 현 CEO는 마이클 에스큐다. 국내에서는 1996년 대한통운과 손잡고 국내 직할 체제를 구축했다.

미국에 내일까지 문서를 보낼 수 있을까? 불가능하다고 생각할지 모르겠다. 그러나 항공 택배 회사의 특급 서비스를 잘 활용하면 하루 만에 문서를 세계 어디든지 보낼 수 있는 시대가 됐다.

가장 대표적인 곳이 UPS(United Parcel Service). 흑갈색 로고를 사용하는 UPS는 페덱스(FedEx)나 DHL과 달리 우리나라에서는 지명도가 그다지 높지 않다. 로고 때문일까. 회사 이미지도 어두운 느낌이다.

하지만 미국 애틀랜타에 본거지를 둔 UPS는 세계 최대 소화물 운송 업체다. 미국 『포춘』이 선정하는 미국 500대 운송 회사 중 DHL이나 페덱스를 제치고 6년 연속 1위를 차지했다. 해리스 인터렉티브가 미국 내 소비자 2만 2,521명을 대상으로 조사한 바에 따르면 소비자들이 가장 신뢰하는 기업 순위 4위(2002년)에 올랐다.

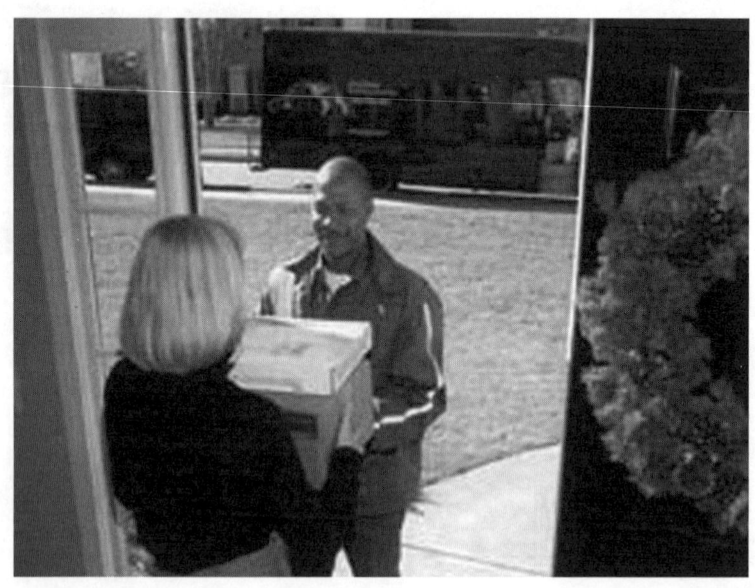

전 세계 200여 개국에 대한 서비스 망을 갖춘 UPS는 2001년 34억 개의 화물을 배송해 306억 달러의 매출을 올렸다. 하루 평균 1,360만 개의 화물을 배달하는 셈이다.

매일 화물을 픽업해 가는 고정 고객만도 180만 명 이상. 미국과 아시아 지역은 당일 서비스가 가능하고 동구권이나 아프리카도 5일이면 가능하다. 이렇게 많은 화물을 처리하기 위한 종업원 수도 어마어마하다. 미국 내 33만 명, 해외 4만 명을 포함해 모두 37만 명에 이른다. 미국에선 피자 배달원만큼이나 흔하게 UPS 직원들을 볼 수 있다.

UPS의 장점은 물건이 제시간에 도착하지 않으면 운송 요금을 돌려주는 환불 서비스. 컴퓨터 온라인 시스템을 활용, 화물 운송 상태를 추적할 수 있고 문서의 내용과 전송 경로를 암호로 저장해 가장 높은 안전성을 보장한다.

그래서 UPS는 중요 기밀 문서나 특정 수취인만이 열어 봐야 하는 문서의 전송에 적합하다는 평가를 받는다. 문서가 누설되거나 제3자에게 전송됐을 경우 즉각 10만 달러까지 보상하고 전송 경로 기록은 7년 동안 보관되는 완벽함을 자랑하기 때문이다. 국내에서 1996년 3월 대한통운과 손잡고 UPS대한통운을 세워 국내 직할 체제를 구축했다.

1등 비결 1 운항 간격을 줄여 물동량을 늘린다

UPS는 2003년 2월 현재 비행기 사이의 운항 간격을 좁힐 수 있는 자동감지장치(ADS-B) 기술을 시험하고 있다. 이제까지 조종사들은 선행 비행기의 위치를 공항 관제탑에서 주는 정보에만 의존해 왔다. 즉 조종석에서는 앞의 비행기 위치를 파악할 수 없었다. 그러나 자동감지장치를 설치하면 자기 비행기의 속도, 방향, 고도 정보를 전파로 발송할 수 있으며 다른 비행기는 전파를 감지해 해독할 수 있다.

자동감지장치는 조종사들에게 있어 획기적인 발명품이다. UPS의 조종사 로버트 힐브는 "사람들은 조종사들이 이미 자동감지장치를 갖고 있는 줄 안다. 그러나 조종사들에게 자동감지장치는 기술적으로 대단한 진보"라고 말할 정도다. UPS는 미 연방항공국(FAA)에 의해 종합 점검이 끝나는 대로 자동감지장치를 모든 비행기에 설치할 계획이라 한다.

UPS는 자동감지장치 설치가 완료되면 허브 공항인 켄터키 주 루이지빌 공항의 물동량이 당장 6% 증가할 것으로 기대한다. 루이지빌 공항은 현재 한 시간에 30만 4,000개의 화물을 처리할 수 있다. 여기에 필요한 인력은 무려 8,600명. 그러나 UPS는 비행기의 운항 간격을 좁히면 최대 50만 개의 화물을 처리할 것으로 계산한다. 이 과정에서 자동감지장치가 진가를 발휘하는 셈이다. UPS는 또 전체 화물 수송량은 최소 20% 이상 늘어날 것으로 전망한다.

자동감지장치는 UPS 경영에 도움이 될 뿐 아니라 연방항공국이 계획하고 있는 '자유 비행'에도 한 걸음 더 나아가게 해준다. 자동감지장치를 장착하게 되면 모든 조종사들은 시간과 연료를 최대한 아낄 수 있는 노선을 자유롭게 선택할 수 있게 된다.

다른 항공사들도 이를 주의 깊게 보고 있다. 콘티넨털항공은 ADS-B와 비슷한 기술을 대서양 노선에서 시험하고 있고 페덱스와 에어본화물 등이 ADS-B 시험에 동참하고 있다.

UPS는 이제까지 ADS-B 개발에 약 3,000만 달러를 투자했다. 비행기 한 대에 설치하는 데 드는 비용은 약 10만 달러. UPS는 록웰이나 허니웰 같은 항공 기술 관련 업체에 팔아 투자금을 회수한다는 방침이다(참고로 UPS는 미국에서 9번째로 큰 항공 회사다).

1등 비결 2 허브 센터를 이용한다

UPS를 이해하기 위해서는 허브(hub) 시스템을 이해할 필요가 있다. UPS는 가장 효율적으로 소화물을 운송하기 위해 전 세계 도처에 위치한 허브, 즉 중앙 분류 시설의 정교한 네트워크를 개발했다. 각각의 허브는 UPS 픽업 및 배달 차량을 위한 기지 역할을 하는 수많은 지역 운영 센터들과 연결된다.

매일 오후, 지역 운영 센터로부터 소화물이 트랙터 트레일러에 실려 허브로 운송된다. 허브에서는 여러 트레일러로부터 한 번에 수천 개의 소화물이 조심스럽게 내려진다. 한 번의 방대하고 신속한 작업으로 소화물이 우편 번호별로 정렬돼 컨베이어 벨트로 모아지고 같은 지역으로 향하는 소화물들이 동일한 컨베이어 벨트로 함께 모아진다. 허브의 다른 쪽에서는 소화물이 더 세부적으로 분류되고 외부로 나가는 트레일러나 지역 내 배달을 위해 인접 지역을 서비스하는 소화물 차량으로 보내진다.

루이지빌 주 UPS 허브 공항에서는 매일 밤 60대 이상의 비행기가 이착륙한다. 오후 10시에서 오전 2시 20분 사이에 수백만 개의 소화물이 항공기에서 내려져 분류되고 지정된 육상 또는 항공으로 이동된다.

자정까지 이 과정이 진행되고 매 2분마다 짧은 간격으로 UPS 항공기가 이륙하기 시작한다. UPS 항공기는 보잉 727, 747, 757, 767 및 DC-8 항공기로 구성되어 있으며 매일 390곳 이상의 국내 공항 및 219곳 이상의 국제 공항으로 소화물을 운송한다.

이 밖에도 미국의 필라델피아, 달라스, 온타리오, 록포드, 콜롬비아, 하트포드와 독일의 쾰른, 본 등이 허브 기능을 수행한다. 아시아 · 태평양 지역에서는 타이베이, 홍콩, 싱가포르, 필리핀 등이 지역 센터다.

'인텔 인사이드' 브랜드 전략 적중

인텔(Intel)

1968년 로버트 노이스와 고든 무어가 설립했다. 정식 명칭은 'Integrated Electronic'. 설립 당시 반도체를 이용해 컴퓨터 메모리 제품을 제조하는 사업을 펼쳤다. 인텔은 크기가 매우 작고 강력한 성능을 제공하면서도 전력 소비가 적은 제품을 선보였으며, 마이크로프로세서(CPU)에서 가장 앞서 나갔다. 1985년부터는 수익성이 좋았던 메모리 사업을 청산하고, 장래성이 뛰어난 비메모리 사업으로 옮겼다. 전 세계적으로 8만 4,000명의 직원이 근무한다. 2001년 기준으로 매출은 265억 달러. 본사는 미 캘리포니아 산타클라라에 있다.

‘인텔 인사이드’. 인텔 하면 떠오르는 이미지가 됐다. 워낙 광고를 많이 해서다. 인텔은 우리가 직접적으로 접하는 소비재가 아니다. 기껏해야 전자 제품에 들어가는 부품 가운데 하나일 뿐이다. 소비자는 삼성컴퓨터, IBM컴퓨터 등 컴퓨터를 산다. 그 속의 인텔 칩만을 사는 것은 아니다. 그런데도 이렇게까지 광고를 해야 하는 이유가 있었을까.

결론부터 말하면 인텔의 꾸준한 시장 점유율 확보는 브랜드 관리가 엄청난 영향을 끼쳤다고 볼 수 있다. ‘인텔 인사이드’ 캠페인을 시작해 오늘날과 같은 세계적인 회사로 키운 사람은 앤디 그로브다. 그로브는 헝가리에서 태어나 대학을 다니다 미국으로 이민을 왔다. 그는 헝가리에서 대학을 다닐 때 공산주의 반대 데모에 참여하다 헝가리에서는 미래를 기대할 수 없다는 절망을 안고 미국으로 건너왔다고 한다.

지금이야 인텔이 꽤 알려졌지만 인텔은 낮은 인지도로 고민을 많이 했다. 1980년대 소비자들은 어떤 칩이 컴퓨터에 들어가는지 신경 쓰지 않았다.

‘인텔 인사이드’ 캠페인을 막 시작했을 때 시장의 90%가 인텔에서 만든 칩을 쓰고 있었다. 하지만 AMD라는 경쟁 회사나 또 다른 경쟁 회사가 감히 넘보지 못하도록 ‘인텔 제품은 다르다’는 인상을 심어 주고자 했던 것이다.

맞춤 컴퓨터 등장이 계기

델컴퓨터의 등장도 인텔 인사이드 캠페인의 원인이 됐다. 델컴퓨터는 미국은 물론 세계적으로도 1위 회사다.

델컴퓨터가 급성장할 수 있었던 원인은 새로운 판매 방식에 있었다. 이미 만들어진 컴퓨터를 파는 것이 아니라 컴퓨터를 만들기 전에 고객의 요구를 듣고 '맞춤 컴퓨터'를 팔았다(델컴퓨터는 판매장도 따로 두지 않고 소비자가 전화로 주문하면 배달하는 방식을 취했다).

이렇게 되면 소비자가 직접 컴퓨터 용량, 칩 종류 등을 결정하게 된다. 소비자가 어떤 반도체 칩을 넣어야 할지 적극적으로 검토한다는 뜻이다. 인텔은 이런 변화에 부응해 '인텔 인사이드' 캠페인을 벌인 것이다.

인텔 인사이드 캠페인에는 8년 동안 무려 34억 달러가 들었다. 하지만 캠페인 시작 1년 만인 1992년 전 세계 매출액은 63%나 늘어났다. 분명 효과가 있었다.

인텔이라는 이름은 컴퓨터 종사자들만 아는 이름이었지만 이제

386, 486, 펜티엄 이름은 어떻게 …

1968년에 세워진 인텔은 PC가 나오기 전부터 반도체를 개발했는데 새로 개발한 반도체에 숫자를 붙였다. 4004, 8008, 8080, 8086, 8088 이런 식이다. 이 숫자들은 반도체를 만드는 과정에서 의미 있는 숫자다.

286급 컴퓨터, 386급 컴퓨터니 하는 말은 인텔 칩을 기준으로 부르는 말이다. 80286, 80386, 80486에서 80을 떼고 부르는 순이다. 그럼 586부터는 왜 펜티엄이라는 이름으로 바꿔 부르게 됐을까.

인텔은 AMD라는 경쟁사를 갖고 있었는데 AMD가 386과 호환할 수 있는 칩을 개발해 냈고, 이를 AM386이라 불렀다. 인텔은 386이 고유한 이름이라고 소송을 걸었지만 "386은 인텔뿐 아니라 칩을 가리키는 일반적인 말이 되었다"는 판결을 받았다.

인텔은 거의 완성된 486은 그냥 그대로 부르기로 하고 586부터는 펜티엄(Pentium)이라고 불렀다. 이 이름은 영어에서 5를 가리키는 펜타(Penta)에서 따왔다. 참고로 AMD가 현재 팔고 있는 칩의 이름은 '애슬론'이다.

는 코카콜라에 비견할 만한 브랜드 가치를 지니고 있다. 말하자면 수백억 달러의 가치다.

1994년 전 세계 PC 회사들 대부분이 '인텔 인사이드' 캠페인에 참여했다. 역으로 말하면 '인텔이 들어 있는 컴퓨터는 믿을 만하다' 는 인상을 줄 수 있기 때문이다.

어려울 때 투자한다

인텔은 칭찬을 많이 받아야 할 기업이다. 교과서적으로 기업을 운영하기 때문이다. 브랜드 관리를 앞서 언급했지만 더 중요한 것은 기술 개발이다. 인텔은 스피드 최우선으로 기술을 개발한다. 표준을 세우기 위해 매년 매출액 10% 이상을 투자한다.

'어려울수록 투자를 늘려라' 는 실천하기 어려운(?) 경영 원리를 따른 결과다. 인텔은 경쟁력을 높이는 데는 침체기보다 더 좋은 때가 없다는 입장이다.

예를 들어 1990년대 초반 미국에 닥친 불황기 동안 인텔은 칩 생산을 위한 설비와 장비 투자를 확대했다. 당시 그로브 회장은 "우리는 경쟁 상황이 분명해지기 훨씬 이전에 남보다 앞서 움직이려고 힘썼다"고 밝힌 바 있다.

투자에 나서는 건 2001년에도 마찬가지였다. 컴퓨터 수요가 떨어졌음을 인정하면서도 2000년 39억 달러, 2001년 43억 달러를 투자했다. 시설 투자는 67억 달러에서 75억 달러로 늘렸다. 하지만 많은 투자가 무조건 수익으로 연결되는 건 아니다. 때로 투자비 조차 건지지 못한 경우도 있다.

인텔은 판매 이익률이 높아야 판매한다는 전략이다. 1989년 선보인 486 모델이, 펜티엄이 등장하기 전까지는 PC용 마이크로프로세서의 사실상 표준을 구축했지만 생산에서 손을 뗐다. AMD 등 다른 경쟁사가 호환 칩을 투입한 탓에 486 시장 가격이 급락해 이윤 폭이 떨어진 탓이다.

"수요가 아무리 많더라도 이익이 뒷받침되지 못하는 제품은 버린다"는 논리였다.

문화인류학과 최첨단 기술의 만남?

세계적인 반도체 제조 회사인 인텔에서는 문화인류학자와 심리학자로 구성된 연구팀이 맹활약 중이다. 도대체 문화인류학이나 심리학이 최첨단 기술과 무슨 관계가 있을까. 의외로 여기에는 밀접한 관계가 있다. 소비자 행동 양식을 이해해야 고객에게 더 쉽게 다가갈 수 있는 제품을 만들 수 있기 때문이다. 이는 최첨단 기술 상품에도 마찬가지로 적용된다.

고객의 요구를 정확히 파악하는 일은 제품 개발의 기본이라고 할 수 있다. 인텔 측은 "시대가 변했다. 이젠 고객을 이해하는 정도를 넘어서 거의 소비자 행태를 꿰뚫어 보는 수준까지 다가서야 한다"고 주장한다. 인텔의 '인간 행태 조사' 연구팀 크리스틴 라일리 팀장은 한 경제 주간지와의 인터뷰에서 "전통적인 시장 조사 방법만으로는 고객 욕구를 정확히 알아낼 수 없다"고 단언한다. 소비자 행태를 연구해야 한다는 점은 대부분의 가전 업체에 해당된다. 특히 일반 가정용 제품 디자인은 소비자 행동을 좀더 치밀하게 관찰하는 일이 절대적으로 필요하다.

'사운드 모퍼'라는 소리 합성 장난감을 예로 들어 보자. 8세부터 14세까지 아이들은 장난감을 때리며 소리내는 것을 즐거워한다는 사실을 발견한 뒤 만들어진 제품이다. 또 친구들과 어울리기 좋아하는 아이들의 행태를 고려해 현미경 화면을 모니터에 연결해 여럿이 함께 돌려볼 수 있는 제품도 개발했다.

변신하는 레고,
벽돌쌓기만으론 부족하다

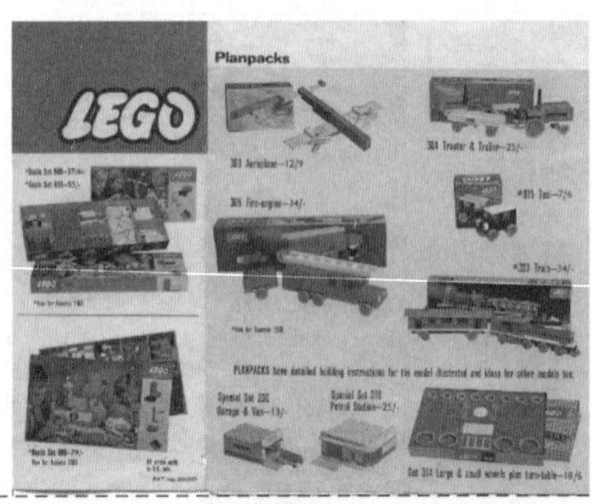

레고(Lego)

1916년 올레 커크 크리스찬센은 덴마크 빌룬트에 목공소를 열었다. 그는 쉬는 시간이면 아이들을 위해 장난감을 만들다가 1934년 레고라는 장남감 회사를 세웠다. 2차 세계대전 뒤 플라스틱 블록 조립식 장난감을 만들어 냈다.

연간 매출액은 106억 크로나. 레고는 어린이들이 가지고 노는 장난감인 만큼 안전을 최우선 모토로 삼고 있다. 덴마크, 영국, 미국에는 세계 유명 건물이나 동상 같은 것을 블록으로 조립해 만든 작은 도시인 '레고랜드'가 있다.

'전 세계 어린이가 1년 동안 50억 시간을 함께 보내는 장난감. 해마다 1억 개가 넘는 세트가 만들어지는 장난감. 지금까지 3억여 명의 어른들이 만지작거리며 어린 시절을 나눈 장난감.'

바로 조립식 블록으로 유명한 레고를 두고 하는 말이다.

이쯤 되면 "하늘 나라 한쪽에 어린이 나라가 있다면 그곳에는 틀림없이 레고가 있다"는 얘기가 서유럽에서 나오는 이유도 짐작할 만하다.

레고는 덴마크 목수였던 올레 커크 크리스찬센이 1932년 나무로 만든 장난감이 시초다. 레고는 덴마크어로 '재미있게 놀다' 라는 뜻을 가진 'Leg godt' 의 줄인 말이다.

레고의 상징으로 여겨지는 조립 방식이 개발된 때는 1955년이다. 창립자의 아들인 고트프레드가 장난감 구매상으로부터 "요즘 장난감에는 시스템이 없다"는 푸념을 들은 뒤 만들었다고 한다.

8개의 돌출 부분을 가진 기본 블록 6개로 1억여 개에 달하는 조립물을 만들어 낼 수 있다는 점이 특징이다. 때문에 레고는 단순한 장난감이라기보다는 무한한 가능성을 제공하는 교육용 도구로 더 유명해졌다.

컴퓨터 게임으로 위기 맞아

그러나 22년째 레고 경영을 맡고 있는 젤드 커크 크리스찬센 사장(56)은 경제 전문지 『포브스』와의 인터뷰에서 "어린이들이 컴퓨터 게임에 익숙해져 눈높이를 맞추는 일이 쉽지 않다"고 고백한다.

창립 71년째인 레고가 더 이상 블록 장난감으로는 시장에서 버티기 어렵다는 뜻이다. 그는 "최근 몇 년간 아주 힘든 시기였다"고 털어놓는다.

실제로 레고는 2000년에 큰 위기를 맞았다. 12억 9,000만 달러 매출에 1억 500만 달러 손실을 입었고 수익률도 3.5%나 뚝 떨어졌다. 시장 상황이 어려워도 1999년 12억 4,000만 달러 매출을 올리기까지 매년 거의 1억 달러 매출이 늘어났으나, 2000년부터는 상황이 돌아선 것이다.

그 이유는 다름 아닌 컴퓨터에 어린이들을 빼앗겼기 때문이다. 레고로서는 이렇게 주저앉을 수만은 없었다. 몇 가지 변신을 꾀했는데, 가장 첫 번째 변화는 경영진에 있다. 젤드는 1998년 가족 중심 기업 운영에서 벗어나 전문 경영인 출신 플로그만(55)을 최고 운영책임자(COO)로 임명했다.

플로그만은 1990년대 덴마크 전기 회사 방앤올루프센사를 회생시킨 인물로, 추진력이 뛰어나고 의사 결정이 확실하다는 평판을 받아 왔다. 이상주의자로 평가받는 젤드의 부드러운 경영 스타일과는 확연히 다르다.

"레고 브랜드 파워는 코카콜라나 디즈니에 비길 만큼 세계 최고 수준입니다. 그러나 수익을 올리는 건 다른 문제지요."

플로그만은 수익 중심 경영을 하겠다는 뜻을 분명히 밝혔다. 그가 맡은 2년 동안 전체 직원 10%에 해당하는 1,000여 명을 감원했다. 원자재 구매비도 협상을 통해 낮추고 재고도 줄였다.

생산라인 책임자 건데펠드 제스퍼센은 "2003년까지라면 4,300만 달러 비용을 줄일 수 있다"고 장담하고 있다. 높은 인건비로 인해 경쟁력이 떨어지는 공장은 과감하게 폐쇄했다. 2002년 6월에는 스웨덴 너호프의 생산 시설을 폐쇄했으며, 스위스 공장도 문을 닫았다.

핵심 시설을 제외하면 나머지 공장은 중국으로 이전하겠다는 게 레고의 경영 전략이다.

장난감을 다양화해라

두 번째 변화는 블록에서 전자식으로 장난감을 다양화했다는 점이다.

1997년부터 개발한 로버트 장난감 '마인드스톰 시리즈' 는 레고가 그간 관심을 기울이지 않았던 CD롬 게임 분야다. 스토리를 가진 전자 게임 '바이오니클 시리즈' 도 레고가 야심 차게 내놓은 제품이다. 바이오니클의 경우 유럽에서 이미 열풍을 불러일으킨 바 있다. 미국에서도 그 인기가 만만찮다.

마지막 과제는 레고 브랜드를 활용하는 일이다. 플로그만은 레고 브랜드를 시계나 책, 아동용 옷 등에 부착해 판매할 예정이다. 매년 150만 명 이상 찾아오는 '레고테마파크' 가 그 기반이다. 덴마크 빌룬트 시 등 유럽에서 운영하는 '레고테마파크' 는 레고 전체 이익의 25%를 차지하는 알짜 사업 분야다.

가치 중심 경영으로
활력을 불어넣다

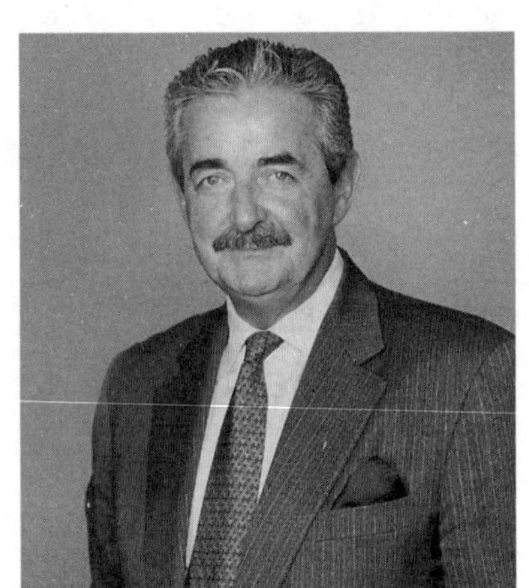

바클레이스 (Barclays)

1690년 존 프리메와 토마스 고울드가 영국 런던 롬바르 거리에 처음 세웠다. 1736년 제임스 바클레이와 손을 잡은 뒤 바클레이스 은행이 탄생했다. 60여 개국에 진출한 바클레이스는 현재 7만 4,700명의 종업원을 거느리고 있다. 영국을 포함한 전 세계 지점 수는 2,500여 개다. 2002년 32억 파운드의 이익을 거뒀다. 현재 회장은 피터 미들톤이 맡고 있다. 이사는 매트 바레트 외 3명이다. 투자은행, 신용카드 회사를 포함해 포괄적인 재무 서비스 제공을 목표로 한다.

매트 바레트는 바클레이스 은행의 최고경영자(CEO)다. 그는 바클레이스 은행을 살려낸 인물로 알려져 있다. 바클레이스 은행은 한국에는 잘 알려진 은행은 아니지만 영국 내 최대 은행이자 세계 10대 은행 가운데 하나다. 그러나 최근 들어 경영 상태가 나빠져 고생을 겪었다.

이러한 어려움을 이겨낸 인물이 매트 바레트다. 그는 세계화 경쟁에서 끝 모르고 밀렸던 바클레이스 은행을 가치 중심 경영으로 활력을 불어넣었다.

그는 1962년 몬트리올 은행 입사를 시작으로 금융권에 발을 디뎠다. 몬트리올 은행에서만 줄곧 근무하다 1990년부터 1999년 2월까지 10년 동안 몬트리올 은행 최고경영자로 일한 뒤 일선에서 물러났다. 이전보다 유유자적한 생활을 즐기고 싶어서다. 재혼도 했고 늘 꿈꿔 왔던 글쓰기에도 몰두했다.

그러나 휴양지에서 낚시를 즐기던 바레트는 전화 한 통을 뿌리치지 못했다. 써 피터 미들톤 바클레이스그룹 회장으로부터 온 SOS 구원 요청이었다. 당시 바클레이스 은행은 점점 만신창이가 되어 가고 있었다.

과거 바클레이스 은행은 1982년부터 영국 최대 은행이자 세계 5대 은행에 속했다. 1988년에는 자산이 1,900억 달러에 이르렀고 83개국에 4,200개 지점을 보유하기도 했다(현재 국내 최대 은행이라고 하는 국민은행은 자산 204조 원(17억 달러)에 불과하다).

그러나 1990년대에 들어서면서 무너졌다. 원인은 보수적인 문화 탓에 글로벌화 추세를 민감하게 따르지 못했기 때문이었다. 시티뱅크, 체이스맨하튼, 로이드 은행 등에 고객을 계속 빼앗겼다. 또 1998년에는 러시아 금융 위기 여파로 비틀거렸다.

다행스럽게도 이러한 위기는 1999년 10월 바레트를 영입한 뒤 서서히 극복할 수 있었다. 그의 적극적인 구조 조정이 있었기 때문이다.

그는 2003년까지 14억 달러의 비용 절감 효과를 거두겠다는 전략 아래 지점을 폐쇄하고 직원들을 해고시켰다. 늘 바클레이스 은행의 아킬레스건으로 지적돼 왔던 몰기지와 보험 분야도 보완 강화했다. 2002년 영국 최대 모기지 회사 울위크를 76억 달러에 사들였고, 다양한 저축 상품 공급을 위해 리걸앤제너럴사와 전략적 제휴도 맺었다.

바레트는 "동종 업계 간은 물론 타 업계 간에도 제휴를 맺고 상품을 팔아야 한다"고 자주 주문해 왔다. 현재의 방카슈랑스와 일맥상통하는 부분이다.

바클레이스 은행은 인수 작업을 통해 모두 9억 2,000만 달러라는 비용 감소 효과를 봤다. 수치상으로 나타난 경영 성과도 좋았다. 그가 구조 조정을 시작한 지 일 년 만에 세전 이익이 40% 이상 늘어났고, 주가도 50% 이상 올랐다.

그의 구조 조정에는 한 가지 철학이 바탕에 깔려 있다. 가치 중심 경영(Value Based Management, VBM)이다. 가치 중심 경영이란 세후 영업 이익에서 자본 비용을 뺀 값인 경제적 부가가치(Economic Balue Added, EVA)를 기준으로 영업을 하겠다는 뜻이다.

기업이 조달한 자기 자본만큼 벌어들이지 못하면 경영을 해본들 무슨 소용이 있겠냐는 얘기다. EVA는 사업 타당성을 평가하는 데 아주 유용한 자료다. 바레트는 자기 자본을 비용으로 간주해 주주 입장에서 내실 경영을 했다. 자동차 리스 사업 분야 정리도 가치 중심 경영에 근거해서 내린 결정이었다.

물론 어려움도 있다. 가치 중심 경영을 하다 보면 현금 흐름 안정성을 중시하기 때문에 빠른 주가 상승을 방해할 수 있다. 전문가들은 바클레이스 은행 주가가 바레트 영입 후에도 여전히 저평가되어 있다는 분석을 내린다.

하지만 영국인이 아닌 인물로서는 최초로 바클레이스 은행 최고 자리에 오른 바레트는 개혁의 끈을 놓지 않았다. 바클레이스 은행이 거의 포기했던 채권 인수 사업과 인수 합병 작업도 가속화시켰다.

전략적으로 고액 자산가를 잡기 위한 마케팅도 진행 중이다. 현재 한국에 불고 있는 PB 바람과도 같다. 인터넷 뱅킹 분야도 고객

경제적 부가가치(EVA)

경제적 부가가치는 Stern Stewart & Co.라는 컨설팅 업체가 등록한 지표다. 세후 영업 이익에서 투입 자본의 자본 비용을 차감한 이익을 말한다. 투입된 자본의 자본 비용은 이익을 창출하기 위해 투입한 기회 비용으로 볼 수 있다.

예를 들어 보자. 1,000원짜리 물건을 구입해 1,500원에 팔면 이익은 500원이 된다. 하지만 이 이익에는 영업 활동을 위해 회사가 조달해 투입한 자본의 자본 비용은 빼지 않았다. 경제학적으로 진정한 이익을 구하려면 자본 비용도 빼야 한다.

즉 위 예에서 1만 원의 총자본이 제공되었고 자본 비용이 10%라면 1,000원의 추가적 비용을 인식해야 한다. 이 경우 경제학적으로는 500원의 손실이 발생한다. 덧붙여 설명하면 자본 제공자가 1만 원을 회사에 투자하지 않고 차선의 투자안에 투자하면 10%의 이익이 보장된다. 적어도 1,000원은 확보할 수 있는 입장에서 500원밖에 못 벌었으므로, 500원의 경제적 손실을 입는 것이다.

200만 명을 확보해 유럽 최대를 자랑한다.

그가 하고픈 마지막 개혁은 대규모 합병이다. 금융 산업의 경우 합병을 통해 규모를 키울수록 경쟁력이 높아진다. 바레트는 몬트리얼 은행 재직 때 실패했던 캐나다 로열 은행과의 합병을 못내 아쉬워하고 있다고 한다.

바클레이스 은행 자체가 합병을 통해 커 온 은행이다. 1694년 바클레이스가에 의해 창립돼 1917년 현재의 이름을 갖게 됐다. 1918년 런던 글로빈셜사우스웨스턴 은행과 합병해 런던에 뿌리를 내렸다.

그가 합병까지 이뤄 낸다면 바클레이스 은행의 주가 상승은 물론 바레트의 스톡옵션도 어마어마하게 올라갈 것으로 기대된다.

3부

구조 조정으로 다시 태어난 기업

경영 혁신으로
옛 명성을 회복하라

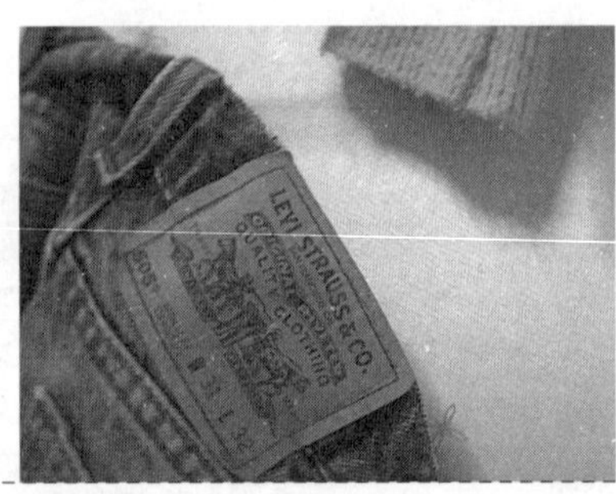

리바이스(Levi's)

리바이스는 미국 개발 붐이 한창이던 1850년 독일인 리바이 스트라우스에 의해 만들어졌다. 20세기 초 중반에 걸쳐 미국 청년 문화의 상징으로 성장했다. 현재 리바이스는 샌프란시스코 본사에만 1,600여 명, 전 세계적으로 3만 명의 직원을 거느린 세계적인 진 메이커다. 전 세계 32개의 생산 공장을 운영 중이며 세계 60여 개 이상의 국가에서 판매되고 있다. 연간 매출이 43억 달러에 이르고, 본사는 미국 샌프란시스코에 위치한다.

하지만 1990년대 이후 리바이스의 명성이 크게 쇠퇴했다. 현실에 안주한 경영 전략으로 인해 미국 젊은이들이 리바이스를 외면하고 올드네이비나 캘빈클라인을 선호하게 된 것이다. 이에 1999년 대주주 하스 가족은 펩시콜라 마케팅 책임자인 필립 마리노를 최고경영자로 영입해 권토중래를 노리고 있다.

미국 진 메이커 리바이스의 창시자는 의외로 독일인이다. 미국이 한창 개발 붐에 젖어 있던 1850년, 독일인 리바이 스트라우스는 아메리칸 드림을 꿈꾸며 샌프란시스코에 도착했다. 그가 가지고 온 사업 아이템은 텐트용 천. 텐트를 만들어 판매할 생각이었다. 하지만 막상 도착해 보니 생각이 바뀌었다. 그 당시 미국에선 텐트가 중요한 게 아니라 광부들이 입을 튼튼하고 질긴 바지가 더 절실했다.

스트라우스는 생각을 바꿔 텐트 천으로 작업복을 만들어 광부들에게 선보였다. 결과는 대성공이었다. 여기저기서 주문이 밀려왔다. 몇 년 후 스트라우스는 미국 서부의 청바지 도매상으로 유명해졌다.

유명한 '리바이스 501'도 아주 작은 계기로 탄생했다. 스트라우스는 작업복 바지의 뒷 주머니 바느질이 자꾸 터져 나가는 것을 보고 어떻게 보완할까 고민했다. 그러다 떠오른 것이 바로 뭉뚝한 구리 압정이다. 이렇게 뒷 주머니 윗 부분에 구리로 만든 압정을 박아 넣은 상품이 바로 '리바이스 501'이다. 이 제품은 1900년대 초 미국 젊은이들 사이에서 폭발적인 인기를 끌었다.

영화도 한몫했다. '이유 없는 반항'의 제임스 딘, '워터 프런트'의 말론 브랜도가 입은 리바이스 501은 자유와 반항 정신의 상징이었다. 리바이스를 입는다는 것 자체가 곧 개성의 표시가 될 만큼 리바이스는 그 당시 청년 문화의 표상이었다.

그 이후 리바이스는 20대 이상의 미국 성인 남녀에게 청바지의 보통명사로 여겨지기 시작했다. 노년 부부에서 멋쟁이 아가씨에 이르기까지 미국에서 가장 유명한 브랜드가 됐다.

이런 명성을 바탕으로 리바이스는 샌프란시스코 본사에만 1,600여 명, 전 세계적으로는 3만 명의 직원을 거느린 세계적인 기업으로 성장했다. 또한 전 세계적으로 32개의 생산 공장과 29개의 소비자 상담실을 운영하고 있으며, 미국, 유럽, 아시아, 서남아프리카 공화국에 이르기까지 세계 60여 개 이상의 국가에서 판매되고 있다.

펩시콜라 마케팅 책임자를 최고경영자로 영입

하지만 화무십일홍(花無十日紅)이라 했던가. 최근 리바이스의 영향력이 예전 같지 않다. 지난 5년 동안 리바이스 매출은 하향세다. 1996년 71억 달러의 매출이 2001년에는 42억 달러로 급감했다. 미국 시장 점유율은 1997년 19%에서 현재 12%로 급격히 줄었다. 급기야 신용평가 기관인 무디스는 리바이스사의 19억 달러 채무를 지적하면서 신용 등급 하락을 경고했다. 동종 업계에서 군계일학으로 꼽히던 리바이스는 이제 캘빈클라인, 올드네이비 등의 진 메이커와 같은 등급으로 여겨지고 있다.

리바이스의 실패는 안이한 시장 인식에서 비롯됐다. 요즘 리바이스는 미국 사람들로부터 '중년 아줌마, 아저씨한테 딱 어울리는 진'으로 인식되고 있다. 리바이스는 여성 진을 만들면서도 남성 진과 큰 차이점을 두지 않았다. 한창때야 브랜드 이미지 때문에 매출이 좋았지만 서서히 '여성 몸매에 맞지 않는 청바지'라는 나쁜 소문이 돌기 시작했다. 이런 결과, 리바이스는 20대 젊은 여성 고객

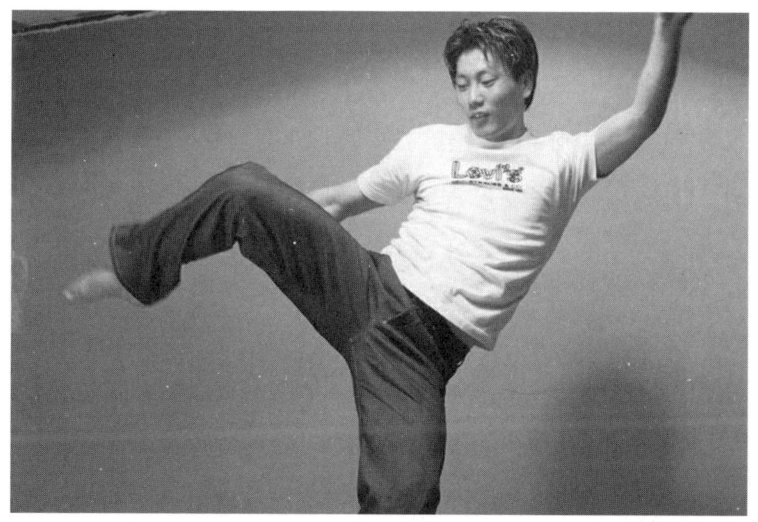

과 30~40대 고객을 차별화하는 데 실패했다. 주부 고객들한테는 너무 꽉 끼고, 젊은 고객들에겐 너무 허리선이 높은 불편한 청바지로 낙인 찍혔다.

게다가 유행에도 둔감해 1990년대 청바지 업계에 등장한 헐렁한 스타일이나 패션 진을 반영하지 못했다.

필자가 지난 여름 테네시 내슈빌의 한 쇼핑몰에서 만난 에스더 양(20)은 "요즘엔 올드네이비나 캘빈클라인을 입는다"며 "이제 리바이스는 관심 대상이 아니다"고 잘라 말했다.

상황이 이렇게 되자 리바이스의 대주주인 하스 가족은 위기를 인식, 펩시콜라 마케팅 책임자였던 필립 마리노(55)를 1999년에 CEO로 영입했다.

리바이스는 그가 지쳐 버린 브랜드에 생명력을 불어넣기를 기대했다. 4년이 지난 요즘, 리바이스가 많이 변했지만 아직 실적으로 나타나진 않았다는 게 대체적인 의견이다.

월가 애널리스트들은 "리바이스가 기존 스타일에 많은 변화를 가했지만, 아직 상황이 썩 좋지는 않다"고 분석한다. 또 "리바이스의 위기는 마리노 회장이 부임하기 전부터 시작됐다"며 "대주주인 하스 가족과 많은 사람들이 마리노의 개혁 플랜을 지켜보고 있다"고 설명했다.

마리노 회장이 부임한 이래 4년 동안 변화가 없었던 것은 아니다. 마케팅 책임자답게 그는 소비자 시선을 끄는 광고를 많이 개발했다. '크레이지레그', '오디세이' 등이 그의 작품이다. 또한 디자인 개발에 주력, 신제품을 속속 내놓을 예정이다. 그는 지난 3년 동안 재무 관리에 주력했다며 재고와 운영 자본, 비용에 대해 자신감을 피력하기도 한다. 그는 사석에서 "리바이스는 지난 4년 동안 아주 혹독한 채무 정리 과정을 겪었다"고 말한다.

2002년 6월에는 미국 내 8개 공장 중 6개를 단계적으로 폐쇄하고 전체 인력의 20%에 달하는 3,600명을 감원했다. 앞으로 나머지 공장에서도 300여 명을 감원할 계획이다. 그 대신 인건비가 싼 남미와 아시아 지역으로 생산 공장을 이전할 방침이다. 이를 통해 제조 원가를 낮추는 대신 남는 돈을 광고 및 마케팅 비용으로 활용한다는 계획이다.

하지만 많은 변화에도 불구하고 아직 리바이스의 매출과 시장 점유율은 별다른 기미를 보이지 않고 있다.

IBM을 벤치마킹하라

렌샹(Legend)

중국 PC 점유율 1위를 차지하는 렌샹은 1984년 중국과학원 컴퓨터연구소 직원들이 창업한 벤처 기업이다. 현재 중국 PC 시장의 30%를 점하고 있다. 렌샹은 뛰어난 CEO와 애국 마케팅, 확실한 유통망으로 인해 단기간에 급성장했다. 전임 CEO인 류추안쯔는 렌샹 성장의 산 증인으로 중국에서 가장 각광받는 전문 경영인이다. 현 CEO인 양위안칭은 30대에 최고 자리에 오를 만큼 탁월한 능력을 인정받고 있다. 최근에는 PC 산업의 한계를 인식하고 IBM 같은 세계적 정보 통신 그룹으로 거듭나려고 노력하고 있다.

PC와 담배, 언뜻 보면 공통점이 하나도 없지만 '세계 경제'라는 큰 틀에서 보면 비슷한 점이 있다. 그것은 바로 중국을 뚫어야 회사가 생존할 수 있다는 점이다. 전 세계적으로 금연 열풍이 몰아치는 요즘, 필립모리스나 BAT 같은 다국적 담배 회사들이 중국 시장에 진출하려고 발버둥치는 것도 이 때문이다.

PC 시장도 마찬가지다. 1980~1990년대 PC 열풍 이후로 이제 PC 산업은 사양 산업이나 다름없게 됐다. 성장 잠재력이 거의 제로다. 하지만 중국을 떠올리면 사정은 달라진다. 시장조사 기관 IDC 자료에 의하면, 중국 PC 시장은 2001년 820만 대, 2002년 1,200만 대에서 2003년에는 1,600만 대로 급성장할 것으로 전망된다. 아직 13억 인구 중 PC 소유 인구는 1%에 지나지 않고 있다.

이에 따라 전 세계 PC 제조 업체가 모두 중국에 달려들고 있다. 하지만 의외로 중국 PC 시장 점유율 1위는 중국 업체다. 반국유형 벤처 기업인 렌샹이 점유율 29%로 선두를 유지하고 있다.

렌샹그룹은 컴퓨터 제조와 소프트웨어 개발을 중심으로 하는 중국의 대표적인 정보 통신 기업이다. 영어권에는 레전드(Legend)라는 이름으로 잘 알려져 있다. 렌샹은 1984년 중국과학원 컴퓨터 연구소의 직원들이 창업한 이른바 '벤처 기업'이다.

렌샹의 발전 속도는 엄청나다. 렌샹의 점유율은 1994년 3.9%에서 2003년 현재 29.1%로 급증했다. 1997년 이래 중국 PC 업계 부동의 1위다.

어떻게 이런 발전이 가능했을까? 그 이유를 크게 다섯 가지로 나눠 볼 수 있겠다.

첫째, 저가와 차별화 전략 및 애국 마케팅이다. 렌샹은 자국에서 저렴하게 생산할 수 있다는 이점과 다른 국내 브랜드보다 기술력이 높다는 강점을 활용해 가격 대비 성능을 향상시켰다. 렌샹은 PC와 함께 관련 제품을 동시에 공급하고 서비스함으로써 브랜드 파워를 최대한 활용했다. 또 소비자들 사이에서 '성공한 민족 기업'이라는 이미지로 애국 마케팅을 성공적으로 이끌었다.

둘째, 렌샹은 늘 선진 기술 습득에 포커스를 두었다. 미국의 실리콘밸리에 자체 연구소를 설립해 세계 시장의 변화를 주시해 왔다. 또한 국내적으로는 중국의 실리콘밸리인 중관촌을 기지 삼아 산학 협동을 꾸준히 실천해 왔다. 중관촌 주변 베이징 대학, 칭화 대학의 우수한 인재를 적극 활용했다.

셋째, 렌샹은 이러한 기술 중시 마인드에 입각해 인재를 소중히 다뤘다. 우선 조직이 젊다. 직원들의 평균 연령이 30세이고 임원들도 대개 30대다. 렌샹 컴퓨터의 양위안칭 총재는 이제 겨우 38

CEO 프로필

주석 : 류추안쯔
- 장수성 출신, 1967년 서안군사전신공정학원 레이다 통신학과 졸업
- 1984년 렌샹을 창업한 후 2001년 4월까지 총재 역임
- 1999년 『포춘』이 선정한 '아시아에서 가장 훌륭한 경영인'
- 2000년 『비즈니스위크』가 선정한 '아시아의 스타'

총재 : 양위안칭
- 저장성 출신, 1989년 중국과학기술대학 졸업
- 1989년 렌샹 입사 후 초고속 승진
- 1996년 렌샹그룹 부총재 역임
- 2001년 4월 류추안쯔에 이어 렌샹의 2대 총재 부임
- 2001년 『비즈니스위크』가 선정한 '아시아의 스타'

살이다. 렌샹에서는 개인 능력에 따라 1년에 3계급씩 특진하기도
한다. 스톡옵션을 도입해 성공의 과실을 공유토록 제도화했다.

넷째, 렌샹은 알짜 경영을 중시했다. 렌샹은 아직 중국 정부가
50% 이상의 지분을 소유한 국유 기업이다. 하지만 우리에게 연상
되는 한국의 국유 기업과는 다르다. 저효율과 적자를 찾아볼 수 없
다. 철저하게 수익성을 중시한 경영을 한다. 1980년대 한국 기업
처럼 규모만 큰 속 빈 강정이 아니다. 1994년 홍콩 주식 시장에 상
장된 후에는 탄탄한 재무 구조로도 정평이 나 있다. 자연 투자자들
에게 그 수익이 돌아가 지금까지 투자 수익률이 무려 650%를 웃
돈다.

다섯째, 렌샹의 류추안쯔 주석의 리더십이다. 현재 그는 중국에
서 '덩샤오핑 개혁 이후 가장 다이내믹하고 영향력 있는 CEO'로
평가받고 있다. 제9기 전국 인민 대표로도 선출됐던 그는 『포춘』에
의해 아시아에서 가장 능력 있는 CEO로 뽑히기도 했다. 그는
IBM, 컴팩, HP 등 외국 업체들의 공략으로부터 시장을 지키면서
중국 컴퓨터 산업을 국제적 수준으로 끌어올렸다는 평가를 받는
다. 류추안쯔 주석은 젊은 후계자인 양위안칭에게 렌샹의 사장 겸
최고경영자(CEO) 자리를 물려주는 등 세대 교체에도 모범을 보
였다. 류추안쯔 주석은 "잭 웰치가 인재 개발에 치중했던 것을 본
받으려 한다"고 그 이유를 설명했다.

PC 산업 한계 인식

하지만 21세기 들어 렌샹은 위기 의식에 사로잡혔다. 새로운 경쟁

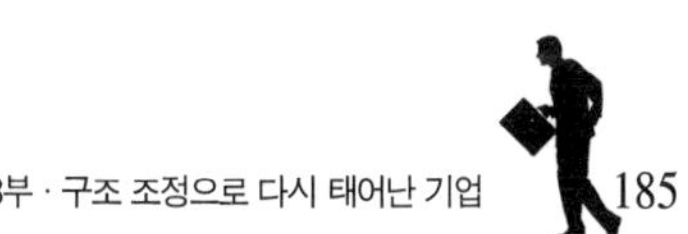

자 출현과 PC 가격 하락으로 수익성이 떨어지고 있기 때문이다. 특히 델컴퓨터는 공격적인 경영으로 렌샹을 위협한다. 델컴퓨터는 전 세계적으로 사용 중인 직접 판매 방식을 중국 시장에 도입하고 전국의 100대 도시로 확대 실시했다. 가격도 많이 낮추었다. 최근에는 주력 제품인 4500S 디멘션 모델의 가격을 대당 966달러로 26%나 대폭 인하해 가격 경쟁에도 적극적이다. IBM, 컴팩이나 기타 중국 업체들도 이 대열에 동참했다.

렌샹의 성장 폭 하락도 문제다. 렌샹의 직원 대부분이 고도 성장에 익숙해 있기 때문에 저성장을 어떻게 받아들일지 큰 걱정거리다. 이들이 감원, 감봉 및 인사 적체를 감당해 낼 수 있을지 의문이다.

2001년 4월 취임한 양위안칭 총재는 이 점을 직시했다. 그는 취임식에서 렌샹을 세계적인 종합 IT그룹으로 성장시킬 것임을 선언했다. IBM을 벤치마킹해 세계적 정보 통신 그룹으로 재탄생한다는 계획이다. 따라서 PC 부품 및 주변기기는 물론 소프트웨어, 네

외국 브랜드가 중국에서 맥 못 추는 이유

중국 PC 시장은 의외로 중국 업체들이 주도하고 있다. 현재 중국 PC 시장의 중국 제품 점유율은 80%로, 브랜드 제품이 50%, 조립 제품이 30%를 차지하고 있다.

소위 중국 PC 업계를 이끄는 3인방으로 렌샹(Legend), 베이따팡정(Founder), 창청(Changcheng)을 꼽는다.

렌샹은 30%로 점유율 1위를, 베이따팡정은 10%로 점유율 2위를 차지하고 있다. 창청은 점유율 5%로 베이따팡정 뒤를 쫓고 있다. 외국 업체로는 IBM, 델, HP 등 소수의 외국 브랜드가 선전하고 있으나 아직 크게 두각을 나타내고 있지는 못하다.

전문가들은 가장 큰 이유로 유통망 부족을 꼽는다. 중국 브랜드와 외국 브랜드는 기능상으로는 큰 차이가 없기 때문에 관건은 당연 서비스다. 이런 면에서 중국 업체들은 중국 전역에 퍼져 있는 자사 대리점이나 제휴 대리점을 무기로 쭉쭉 뻗어 나가고 있다.

트워크 제품 공급 및 관련 서비스 제공으로 업무 영역을 확대해 나
갈 계획이다.

이 같은 전략 하에 2001년 6월 AOL과 각각 1억 달러를 투자하
여 51대 49 비율의 합자회사를 출범시키기도 했다.

전문가들은 현재 양위안칭 총재가 10년 전 거스너 IBM 회장이
관련 서비스업으로 위기를 극복한 것을 벤치마킹하려 한다고 평가
한다. 양위안칭 총재는 "렌샹은 서비스 분야에서 성공할 필요가 있
다"며 "앞으로 3년 안에 서비스 분야에서 회사 이익의 20~30%
를 내도록 하겠다"고 공언했다.

파킨슨의 법칙을
교훈 삼아라

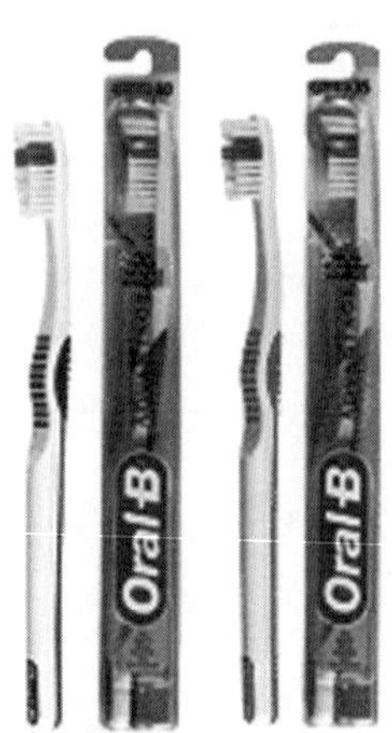

질레트(Gillette)

20세기 안전 면도기 시대를 연 질레트는 창업주의 이름이다. 질레트는 1차 세계대전으로 군인들에게 확실한 효용을 인정받게 되었다. 이후 1967년에는 브라운을, 1984년에는 오랄-B 칫솔을, 1996년에는 듀라셀을 인수하는 등 승승장구했다. 우리 나라의 어떤 편의점을 가도 질레트 면도기를 만날 수 있을 정도로 전 세계인의 필수품이 되었다. 하지만 1990년대 말 위기를 맞아 현재 킬트스 최고경영자의 지도하에 철저한 구조 조정을 진행 중이다. 연간 매출이 90억 달러에 이르며 미국 매사추세츠에 본사가 있다.

파커 만년필, 마하3 면도기, 브라운 면도기, 오랄-B 칫솔, 듀라셀 건전지. 이들의 공통점은 뭘까? 브랜드 인지도가 높은 생활용품이라는 것. 또 다른 공통점은 모두 질레트사가 만드는 제품이라는 것이다.

면도기 하나로 세계를 제패한 질레트. '질레트'는 창업주의 이름이다. 질레트는 매일 아침 면도를 해야 하는 세일즈맨이었다. 1901년 당시 면도기는 시퍼렇게 날이 선 칼이었다. 날이 무디어지면 갈아서 쓰는 것도 불편했지만 무엇보다 살을 베는 일이 많았다. 이때 그에게 이런 아이디어가 떠올랐다. 쓰다가 칼날이 무디어지면 버리고 새것으로 갈아 끼우는 것.

질레트는 이발사가 빗으로 머리를 누르고 이발을 하는 데서 힌트를 얻었다. 마침내 그는 면도기에서 빗 역할을 하는 받침을 붙여 안전 면도기를 개발했다.

이렇게 개발된 질레트 면도기는 1차 세계대전으로 대박을 터뜨렸다. 당시 질레트는 군납품으로 지급됐는데, 전쟁이 끝난 후 군인들이 고향에 돌아와서도 질레트 제품 사용을 고집하게 되었다. 이른바 질레트의 충성 구매자가 된 것이다.

이때부터 질레트는 승승장구하게 된다. 질레트가 만들면 곧 표준이 되었고, 시장 규모가 점점 커졌다. 두 개의 면도날이 나란히 놓인 양날 면도기, 스프링을 이용해 얼굴 곡선의 상태를 감지하는 센서 면도기, 여성용 면도기 등이 질레트의 작품이다. 이런 방식으로 질레트는 5년마다 수익의 40%가 신제품에서 나와야 한다는 기술 전략을 충실히 수행해 나갔다.

한편 질레트는 인수 합병에도 탁월한 솜씨를 보였다. 1967년 브라운을 인수, 일개 유럽 메이커를 세계적인 브랜드로 키웠다. 1984년엔 오랄-B 칫솔을, 1996년엔 배터리 업체 듀라셀을 인수했다.

이렇게 확장된 사업들은 각 분야에서 좋은 결실을 맺고 있다. 듀라셀, 오랄-B, 파커 등은 각각 건전지, 칫솔, 만년필 분야에서 시장 점유율 1, 2위를 다투고 있다.

듀라셀 인수로 위기 맞아

하지만 원숭이도 나무에서 떨어질 때가 있는 법. 1990년대 말 위기가 닥쳐 왔다. 1996년에 합병한 듀라셀이 화근이었다. 막강한 경쟁자 에너자이저 때문에 듀라셀에 막대한 마케팅 비용을 쏟아 부어야 했다. 결과도 시원치 않았다. 1999년 이후 21개월 연속으로 건전지 시장 점유율이 줄었다. 그룹 매출의 24%를 차지하는 듀라셀이 흔들리자 잠재돼 있던 여러 문제들이 분출되기 시작했다. 수익 구조에 비해 R&D 투자 액수가 너무 많았다. 또한 여느 큰 조직처럼 직원들의 무사안일과 책임 떠넘기기가 만연해 '고비용 저효율'이 일상화됐다.

질레트의 사외이사로 있으면서 9% 지분을 소유하고 있는 투자자 워렌 버핏은 위기를 타파할 구원 투수를 물색했다. 2001년 킬트스가 영입됐다. 그는 크래프트와 나비스코 CEO를 맡아 발군의 실력을 발휘한 덕분에 미국 내에선 이미 유명한 경영인이었다. 식품 브랜드 오레오와 아호이 칩에 예전의 명성을 되돌려 준 사람이 바로 킬트스였다.

킬트스가 질레트에 입성했을 때, 질레트는 중국 호빵처럼 속이 텅 빈 상태였다. 1/4분기 연속으로 순익이 감소한 상태였다. 1997년 이후 3년 사이 회사 가치가 30%나 줄어 있었다.

그는 매사에 꼼꼼하고 정확했다. 명확하게 업무를 배분하고 그 결과에 대해선 확실히 책임지도록 했다. 그는 부서장들을 소집, 부서의 매출과 비용을 경쟁 회사와 비교토록 했다. 경쟁사와 비교해 비효율성이 발견되면 기한 내에 시정토록 했다. 그렇지 못할 경우 부서장 옷을 벗게 만들었다. 지금까지 14개 부서장 자리 중 10개의 자리가 새 얼굴로 채워졌다.

그는 "먼 장래의 비전을 살피지 말고 현재에 충실하라"고 주문한다. 그의 기본 경영(back-to-the basic)이 서서히 빛을 보고 있다. 2002년 3분기에는 순익이 3억 5,000만 달러로 전년 동기 2억 9,000만 달러에 비해 20% 급증했다. 2분기 순익도 전년 동기 대비 5.3% 늘었다.

워렌 버핏은 2003년 봄에 질레트의 이사직에서 물러나기로 했다. 기자들이 "킬트스와의 불화 때문이냐?"고 묻자, 그는 "킬트스 덕분에 내가 할 일이 없어졌다"며 "이젠 마음 편하게 지켜보기만 하면 될 것 같다"고 만족감을 표시했다.

경제 전문지 『포춘』은 킬트스를 극찬했다. 킬트스의 경영은 아주 당연한 기본 경영이고 책임 경영이었다고 평했다. 또한 질레트가 지금보다 더 좋을 순 없다고 극찬했다.

질레트가 당면했던 문제는 최근 화제가 되고 있는 파킨슨의 법칙과도 연관 있다. 『파킨슨의 법칙』은 영국 경제학자가 쓴 관료제 비판서이다. 요지는 공무원 수는 일의 양에 관계없이 늘어나는데, 성과는 시원치 않다는 얘기다. 조직이 커질수록 비효율과 나태가 번진다는 주장이다. 질레트의 킬트스 회장은 비대한 조직 내에서의 의사 결정 과정의 문제점, 조직 구성원의 인원과 효율성의 상관관계, 조직의 진단법을 직시한 듯하다.

식품 사업부를 키우고 중국 시장을 공략하라

알트리아(Altria, 구 필립모리스)

필립모리스는 전 세계 담배 시장의 50%를 차지하는 세계 최대 담배 업체다. 이미지 개선을 위해 2003년 1월 사명을 '알트리아'로 바꿨다. 담배 회사 이미지를 벗고 종합 그룹으로 거듭나겠다는 포석이다. 실제로 필립모리스는 미국 최대의 식품 회사인 크래프트와 나비스코를 거느리고 있으며, 밀러맥주를 생산하는 SAB밀러의 지주회사이기도 하다. 최근 전 세계적인 안티(anti) 담배 운동에 능동적으로 대응키 위해 식품 부문을 강화하고 있다. 또한 빗장 걸린 중국 시장을 공략하기 위해 적극적인 마케팅 공세를 펼치고 있다.

카우보이 모자를 쓴 '말보로맨'. 누구나 한 번쯤은 봤음직한 광고다. 아니 최소한 수십 번은 봤을 것이다. 이 광고는 유명 광고 전문 잡지에 의해 20세기 최고 광고 캐릭터로 뽑힌 바 있다. 요즘같이 1년에도 몇 번씩 새 모델이 출시되는 세상에서 말보로는 100년이 넘도록 이름, 제품 포장, 광고, 색상 디자인이 안 바뀐 장수 모델이다.

말보로는 필립모리스의 간판 브랜드다. 필립모리스는 전 세계 담배 시장의 50%를 차지하는 세계 최대 담배 업체다.

세계적인 투자자 워렌 버핏은 다음과 같은 말을 한 적이 있다. "나는 왜 담배 산업에 관심이 많은가. 담배 산업은 제조비가 1페니가 든다. 하지만 팔 때는 1달러에 판다. 게다가 담배는 중독성이 있고 제품에 대한 고객의 충성도는 가히 환상적이다."

그러고 보면 연기로 돈을 버는 담배 산업은 참 묘한 구석이 있는 것이다. 흡연 사망 등으로 거액의 손해 배상을 당하면서도 여전히 담배 회사들은 버텨 내고 있으니 말이다.

2003년 1월 필립모리스는 사명을 '알트리아'로 바꿨다. 새로운 사명인 '알트리아(Altria)'는 높음(high)을 의미하는 라틴어 '알투스(altus)에서 따온 것으로 회사 운영이 최고조에 달했음을 표현하기 위해 채택됐다. 루이스 카밀레리 최고경영자는 "새로운 시작이나 끝을 의미한다기보다는 지금까지 얼마나 왔고 또 앞으로 얼마나 더 가야 할지를 보여 주는 것"이라고 설명한다.

말은 거창하지만 사실은 이미지 변신을 하려는 것이다. 담배 회사 이미지를 벗고 종합 그룹으로 거듭나기 위한 목적이다. 많은 사람들이 필립모리스를 담배 전문 회사로 알고 있다. 하지만 필립모리스(알트리아)는 담배, 맥주, 식품을 모두 총괄하는 대표적 소비재 기업이다. 미국 최대의 식품 회사인 크래프트와 나비스코를 거느리고 있으며, 밀러맥주를 생산하는 SAB밀러의 지주회사이기도 하다.

따라서 말보로로 상징되는 필립모리스의 혐오적인 이미지는 브랜드 이미지 상에 큰 손실을 입히고 있는 것이다.

원래 필립모리스의 브랜드 관리는 철저하기로 소문나 있다. 1988년 필립모리스는 크래프트를 인수하면서 장부 가격의 6배가 넘는 129억 달러를 지급했다. 크래프트의 장래 가치를 높이 평가한 것이다. 필립모리스는 한 번 인수한 기업은 확실히 육성한다. 1980년대 슈샤드초콜릿과 밀러맥주를 인수해 모두 세계적인 브랜드로 키웠다. 따라서 이번 사명 변경은 충분히 납득할 만하다.

융통성 있는 시장 전략 운용

요즘 필립모리스 사정이 좋지 못하다. 끊임없이 이어지는 흡연자들의 소송 제기, 저가 및 유사 담배의 범람, 금연 열풍, 흡연 규제 강화 등이 필립모리스를 어렵게 만들고 있다.

일례로 2002년 말 블룸버그 뉴욕 시장은 미국 역사상 유례 없는 초강력 흡연 규제 법안을 승인했다. 2002년부터는 4월부터는 뉴욕 시내 모든 공공 장소에서 흡연을 금지하고 있다. 식당은 물론 노상 카페, 술집도 포함시켰다.

블룸버그는 "비흡연자들을 간접 흡연으로부터 보호하는 것이 중요하다"며 앞으로의 강공 드라이브를 암시했다.

2002년 10월에는 LA법원이 암 환자가 이 회사를 상대로 낸 피해 보상 소송에서 280억 달러를 지급하라고 평결을 내렸다. 2002년 6월에는 말기 암환자 보에켄에게 30억 달러를 보상하라는 판결을 받기도 했다.

필립모리스는 이러한 난국을 타개하기 위해 시장 다변화에 역점을 두어, 시장별 특색에 맞춰 판촉 활동을 하기로 했다.

지난 1993년 필립모리스는 경영 실적 개선을 위해 말보로를 비롯한 주력 담배 제품 가격을 20% 인하한 바 있다. 하지만 이 판매 증대 전략은 회사 수익 구조만 악화시킨 측면이 많았다. 따라서 이번에는 판매 시장에 따라 다양한 판촉 활동을 벌이고 새 판로를 뚫을 계획이다.

무엇보다 관심 대상은 중국 시장이다. 3억 5,000만 명의 흡연가가 1년에 1조 7,000억 개비를 소비하는 중국은 세계 담배 시장의 구세주나 다름없다. 아직 중국 담배 시장은 굳게 닫혀 있지만 필립모리스는 기회를 엿보고 있다. 현지 합작 공장의 기회가 주어지면 다른 경쟁사보다 먼저 진출해 거대 시장을 선점한다는 계획이다. 그래서 요즘 이 회사는 중국 시장에 자사 상표 알리기에 주력하고 있다. '말보로' 무늬가 새겨진 의류 판매에 역점을 두는 이유도 이 때문이다.

월가에서는 필립모리스의 변신 노력을 긍정적으로 평가하고 있다. 10년 전만 해도 담배 부문 순익의 절반을 미국 시장에서 거둬들였는데 지금은 그 비중이 3분의 1로 크게 줄어들었다. 또한 담배 분야의 순익 감소를 식품 분야에서 잘 메워 주는 보완 구조를 이룬 것도 큰 성과이다.

한편 필립모리스는 문화 마케팅에도 꾸준히 공을 들이고 있다. 미국에서 필립모리스는 IBM, 시티뱅크와 함께 3대 문화 후원사로 꼽힌다. 세계적인 기아, 내란, 에이즈 퇴치 등에 거액을 기부하고

중국에선 3억 5,000만 명의 흡연가가 1년에 1조 7,000억 개비를 소비한다. 거센 금연 운동으로 날로 침체돼 가는 세계 담배 시장에 구세주나 다름없다. 필립모리스, 저팬 토바코, BAT 등 메이저 담배 회사들은 중국과의 제휴나 합작 법인에 목숨을 건다.

하지만 중국의 콧대는 한없이 세기만 하다. WTO협정에 따라 조만간 개방은 하겠지만 최대한 늦춘다는 계획이다. 가장 큰 이유는 중국 담배 산업을 보호하기 위해서다. 전 세계 메이저 담배 회사가 들어오게 되면, 중국 내 185개 담배 회사와 60만 담배 농민들은 경쟁력을 상실해 망할 수밖에 없다.

이에 따라 중국 정부의 짭짤한 수익원이 되는 담배세가 줄어들지도 모른다는 걱정이 두 번째 이유다. 중국 정부는 국영 담배 회사 운영 수익과 담배세를 합쳐, 1년에 150억 달러(국가 총수입의 7%에 해당)의 수익을 얻고 있다.

중국 당국의 시나리오는 이렇다. 중소 담배 회사들이 구조 조정되거나 인수 합병될 때까지 최대한 외국 담배 회사의 진입을 늦춘다는 것. 중국 담배 감독국의 한 책임자는 외신과의 인터뷰에서 이렇게 말했다.

"외국 담배 회사와의 합작 법인 설립에 대해 당분간 계획이 없습니다. 우선 국내 영세 담배 회사들 구조 조정이 더 급해요."

이렇게 되자 조바심이 난 외국 담배 회사들은 중국 현지 마케팅에 열을 올리고 있다. 저팬 토바코는 스포츠 경기를 스폰서하고, 필립모리스는 말보로 무늬 옷 판매에 열중하고 있다. BAT는 담뱃잎 질을 높인다는 명목으로 담뱃잎 재배 농민에게 컨설팅을 해주고 있다. 세 회사는 1년에 수백만 달러를 중국 현지 마케팅에 쏟아 붓고 있다. 한편 다국적 담배 메이커들은 중국의 건강 열풍 때문에 고전하고 있다. 담배 회사의 길거리 간판 광고와 스포츠 게임 스폰서가 금지되는 추세다.

하지만 중국은 통제가 불가능할 만큼 거대한 나라다. 앞말과 뒷말이 다르다. 중앙의 이러한 통제 분위기에도 불구하고 외국사와의 합작 공장 예정지의 지방 관리들은 외국인 투자를 반긴다. 지방 관리들은 담배 합작 공장이 세워지기라도 한다면 지역 경제 발전의 최대 호기가 될 것이라며 반색한다. 다국적 담배 회사들은 언젠가는 개방될 것이라는 희망을 가지고 오늘도 분주히 마케팅에 열을 올리고 있는 실정이다

있으며 문화예술계에도 최상의 지원을 아끼지 않는다. 특히 무용, 공연, 예술 교육 프로그램 분야 종사자들에게 필립모리스의 인기는 하늘을 찌른다. 무용계에선 "미국 무용계는 필립모리스가 먹여 살린다"는 말이 회자될 정도로 씀씀이가 크다. 담배의 주 소비층인 젊은 남성들을 겨냥해 스포츠 단체에도 적극적으로 재정 지원을 하고 있다.

앞으로 필립모리스의 전략은 중국 시장 확대, 식품 사업 부문 중시, 지속적인 문화 마케팅, 이 세 가지로 요약될 수 있겠다.

종합 네트워크 회사로 변신

소니(Sony)

워크맨으로 유명한 소니는 1946년 모리타 아키오와 마사루 이부카가 창업했다. 2차 세계대전 직후 도쿄의 한 백화점에 도쿄통신공업주식회사를 차렸다. 이후 승승장구하여 1960년에는 미국 수출을 시작했고, 1961년에는 일본 기업 최초로 뉴욕 증시에 상장했다. 1980년에는 워크맨을, 1990년대에는 CD 플레이어를 내놓았다. 하지만 1990년대 중반 이후 대규모 적자를 기록한 뒤 이데이 노부유키 사장은 거대한 네트워크 집단으로 변신하기로 방침을 정했다. 현재 성공적으로 전환해 게임기와 영화 산업이 그룹 순익의 절대적인 비율을 차지하고 있다.

첫째 이야기. 2002년 연말 테크노마트는 매장을 방문한 초등생 200명을 대상으로 '받고 싶은 선물' 선호도를 조사했는데, 소니 플레이스테이션2(PS2)가 1위로 나타났다. 또한 PS2는 니케이비 즈니스가 조사한 미국 내 히트 상품 가운데 4위에 오르기도 했다.

둘째 이야기. 2002년 소니픽처스는 영화 '스파이더맨'으로 8억 7,000만 달러, '맨인블랙'으로 4억 3,000만 달러를 벌어들여 최 고 실적을 거뒀다. 이 밖에도 '블랙호크 다운' '스튜어트리틀2' 등 도 기대 이상의 흑자를 냈다. 이 회사는 최근 6년 간 58편의 영화 를 제작했다.

경제 주간지 『비즈니스위크』는 2003년 초 발표한 2002년을 빛 낸 최고경영자 25명 가운데 쿠다라기 켄 소니컴퓨터엔터테인먼트 (SCE) 사장을 포함시켰다. 이 잡지는 "비디오게임 콘솔 PS의 아 버지로 존경받는 쿠다라기 사장이 2003년 3월로 끝나는 2002년 회계연도 소니그룹 영업 이익의 60%를 창출하는 데 기여했다"고 소개했다.

소니의 영화 산업도 무르익었다. 1989년 48억 달러라는 거금을 들여 콜롬비아영화사를 사들인 지 14년. 소니는 숱한 우여곡절 끝 에 세계 영화 시장을 거머쥔 큰손으로 부상했다. 경상비를 줄이면 서 비교적 싼 비용으로 다양한 작품을 만드는 전략이 주효했다. '맨인블랙2' 처럼 속편을 만들 수 있는 영화에 거액을 투자하는 약 삭빠른 전략도 맞아 떨어졌다.

잘 알다시피 소니는 원래 가전제품 회사다. 모리타 아키오는 제2 차 세계대전 직후 마사루 이부카와 함께 도쿄의 한 백화점에 도쿄

소니사가 만든 영화 〈맨 인 블랙〉

통신공업주식회사를 차렸다. 마사루는 제품 개발을 담당했고 아키오는 사업 분야를 맡았다. 1949년 마사루가 녹음 테이프를 개발하자 회사에 대박이 터졌다. 이것을 계기로 1955년엔 소형 라디오를, 1957년엔 포켓용 라디오를 개발했다. 회사 이름도 바꿨다. 간단하면서도 세계 무대에서도 누구나 쉽게 발음하고 눈에 잘 띄는 SONY로 바꿨다. 소니는 sound의 어원인 sonus와 작은 아이라는 의미의 sonny의 합성어다. 즉 규모는 작지만 젊고 일에 대한 열정이 있는 사람들의 모임이란 뜻이다.

이후에도 계속 승승장구했다. 1960년 소니는 8인치 트랜지스터 TV를 출시했고 미국에 수출하기 시작했다. 1961년에는 일본 기업 최초로 뉴욕 증시에 주식을 상장했다. 1980년에는 소니의 최다 판매 제품이자 트레이드 마크인 워크맨을 개발했다. 1990년대 들어서도 CD플레이어, MD 부문에서 훌륭한 제품을 생산하는 등 소니의 핵심 역량은 여전히 제조업이었다.

하지만 1990년대 중반 대규모 적자를 기록한 뒤 소니 내부에서 변화가 일기 시작했다. 이데이 노부유키는 사장 자리에 오른 직후 제2의 창업을 선언했다. 디지털 네트워크 경영을 내세운 것이다. 전자 가전 산업이 네트워크 확산으로 혁명적인 변화를 거듭하고 있는 상황에서 단순한 가전 제조로는 앞날이 뻔했다. 소니는 전자 제품과 컴퓨터 게임, 콘텐츠를 인터넷과 수렴하는 거대한 네트워크 집단으로 만들기로 방향을 잡았다. 앞으로 소니의 전자 제품과 정보통신 컨텐츠를 접목시키겠다는 얘기다.

하지만 쉽지 않았다. 1995년 PS를 내놓았을 때 주변 반응은 시큰 둥했다. 당시 일본 언론은 거의 모두 소니의 게임 시장 진출에 냉소적이었다. 심지어 모기업인 소니 내에서도 믿지 않는 분위기였다.

두 마리 토끼를 잡아라

하지만 요즘 소니는 일본 가전 회사 중 가장 내실 있는 경영을 하고 있다. 게임, 영화, 음악 등 IT 부문이 급성장했기 때문이다. 'It's SONY(소니 제품입니다)'로 대표돼 온 자사의 전통 하드웨어 산업 부문에 음악, 영화, 게임 등의 소프트웨어를 결합해 나가고 있다. 이데이 소니 회장은 "하드웨어와 소프트웨어 부문 연계는 박수를 치는 것과 같다"는 말로 두 분야를 함께 발전시키는 새로운 전략을 설명한다.

학계에서도 소니의 구조 조정은 큰 이슈다. 서울대 임종원 교수 (경영학)는 "소니의 소득 원천이 변하고 있다"며 "국내 기업들도 소니가 네트워크 컴퍼니로 변화하는 것을 눈여겨볼 필요가 있다"고 강조한다.

마이크로소프트의 디지털 미디어 부문 부사장 윌 폴은 2002년 『비즈니스위크』와의 인터뷰에서 "소니가 엔터테인먼트 네트워크 사업을 강화한 전략은 방향을 제대로 잡은 것"이라 평가했다. 궁극적으로 소니는 영화, 음악, 게임, 오락 등 정보 통신 콘텐츠 분야를 중심으로 'e-소니'로의 대대적인 변신을 도모하고 있다. 소니는 광통신망을 통해 소비자들에게 영화와 음악, 게임을 제공하는 한편, 이들에게 최첨단의 전자 제품도 팔아먹는 '두 마리 토끼'를 잡겠다는 계산이다.

소니의 시대별 대표 제품 브랜드

1950년대	소니 테이프 레코더, 트랜지스터 라디오
1960년대	마이크로 TV, 트로니트론 TV
1970년대	베타맥스, 워크맨
1980년대	소니CD, 핸디캠
1990년대	WEGA, VAIO, 플레이스테이션
2000년대	아이보, 플레이스테이션2, PDA

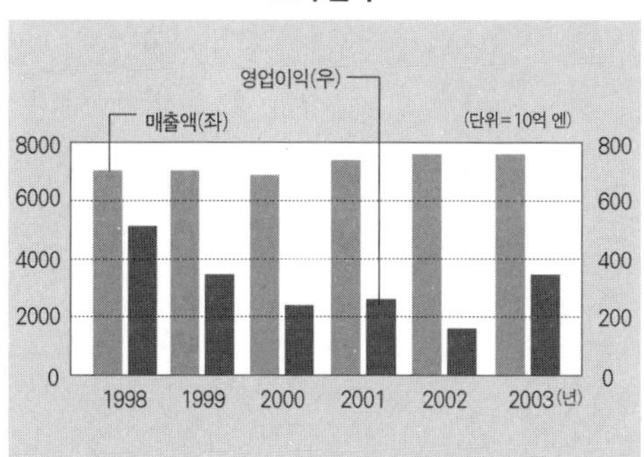

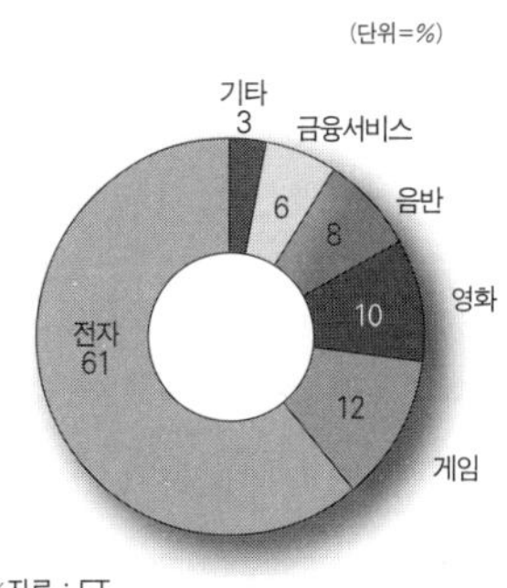

※자료 : FT

소니는 내부적으로 엔터테인먼트 사업과 기존 가전 부문이 네트워크를 통해 일본판 AOL타임워너가 되자는 목표 하에 구조 조정을 진행하고 있다.

경제 전문지 『포춘』은 올초 "불모지에서 시작한 게임, 영화 부문이 이젠 소니의 주 수익원으로 자리매김했다"고 전한 바 있다.

한편 최근 소니는 전 세계적으로 산재한 개별 자회사를 지역별로 통합 운용하는 지역별 허브(중심축) 경영 체제를 도입하기로 했다. 이를 위해 소니는 미주, 유럽, 아시아에 3개 지역 허브를 설치하기로 했다. 이를 통해 지역별로 전자 가전과 연예, 게임 사업 본부를 통합해 시너지 효과를 극대화하고 의사 결정 구조를 단순화해 시장 흐름에 발빠르게 대응한다는 방침이다. 소니는 먼저 소니뮤직과 영화사 소니픽처스엔터테인먼트의 개별 이사회를 해산하고 양 이사회를 통합 운용하기로 했다.

전문가들은 "소니 경영 전략은 기존 전략으로는 더 이상 고실적을 기대할 수 없다는 진단이 나온 데 따른 자구책"이라고 평가했다. 요즘 국내 대기업들 중에도 소니의 변신과 결과에 대해 연구와 분석을 통해 벤치마킹하려고 노력하는 회사들이 많다고 한다.

구조 조정과
중국 진출이 양대 축

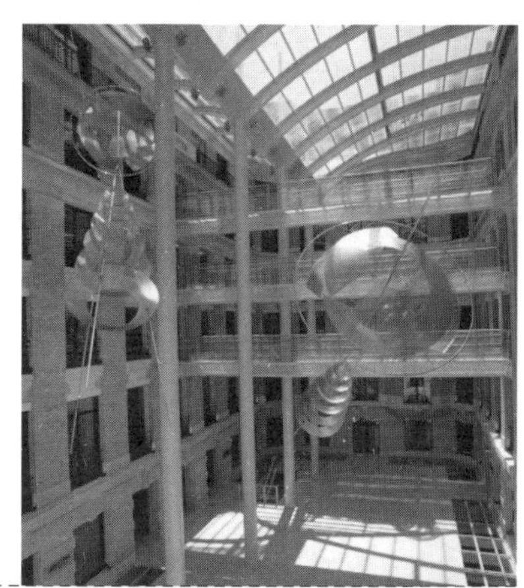

알카텔(Alcatel)

알카텔은 통신 네트워크에 관한 종합 솔루션을 제공하는 세계적 통신 장비 업체다. 1987년 성공적인 민영화로 매출액이 254억 유로에 달하는 세계 3대 통신 장비 회사로 자리잡았다. 하나로통신이 처음 ADSL을 상용화할 때 관련 장비를 공급해 우리 나라와도 밀접한 관계가 있다. 몇 년 전부터 불어닥친 전 세계적인 통신 업계 침체로 알카텔도 힘든 시절을 보내고 있다. 10만 명에 달하던 직원을 6만 명으로 줄이고, 광대역 서비스 및 장비 사업에 집중하기 위해 비핵심 사업을 정리했다.

프랑스 기업 가운데는 덩치에 비해 알려지지 않은 회사들이 더러 있다. 비벤디워터도 그 중 하나이다. 비벤디워터는 상하수, 공업 용수 등 물 처리 분야에서 100년 넘게 기술을 쌓고 100여 개국에 진출한 기업이다.

한국에서는 하이닉스와 현대석유화학 등의 공업용 폐수 시설을 관리하고 있다. 하지만 한국 사람들 대다수는 샤넬이나 쁘렝땅은 알아도 비벤디워터는 모른다.

알카텔도 마찬가지다. 한술 더 떠 오해받기 일쑤다. "알카텔? 거기 알카라인 만드는 건전지 회사 아니에요?", "알카에다와 관련된 중동 회사 아닌가요?" 미국 회사로 착각하는 이도 부지기수다.

알카텔은 통신 네트워크에 관한 종합 솔루션을 제공하는 세계적 통신 장비 업체다. 2001년 루슨트 테크놀로지 인수를 시도할 만큼 이 분야 세계 최고다. 종단간(End-to-end) 광통신 인프라와 고정 및 이동 통신망 장비부터 광대역 접속 장비에 이르기까지 종합적인 제품과 솔루션을 지원하고 2002년 세계 시장에서 220억 달러 매출을 기록했다.

실생활과도 아주 밀접하다. 알카텔은 1999년 하나로통신이 국내 처음으로 ADSL을 상용화할 때 관련 장비를 공급, 한때 국내 ADSL 모뎀 시장을 100% 석권했다. 통신 업계에선, 저가 공세로 국내 ADSL 장비 업체들을 고사 위기로 몰았다는 비난을 받기도 한다. 1995년 민영화에 성공해 2000년 32억 달러 수익을 달성한 세계 통신 업계 거물이다.

비핵심 분야 정리로 신뢰 회복

하지만 알카텔도 2001년 불어닥친 전 세계 통신 업계 침체에서 예외일 수 없었다. 밴더 파이낸싱 등이 화근이 돼 부실이 점점 커져 갔다. 부채가 한때 30억 유로에 달했다. 4만 명 이상을 감원하고 경비를 절감하는 등 혹독한 구조 조정을 했다.

이런 노력에도 불구, 시장 평가는 냉정했다. S&P는 알카텔의 신용 등급을 B+로 3단계 하향 조정했다. 주가는 87%가 폭락, 다우존스 유로스탁 50 인덱스 종목 중 최악의 실적을 기록했다.

2002년 11월 중순 이후 시장이 알카텔을 재평가하기 시작했다. 투자자들은, 전문가들이 알카텔에 대해 암울한 전망을 내놓았음에도 불구하고 이 회사 주식을 사들였다. 11월 중순 이후, 주가는 15%나 올라 5.62달러를 기록했다. 9월의 2.05달러에 비한다면 놀라운 수치다.

전 세계를 대상으로 알카텔이 공급해 온 DSL 장비 공급량이 2,000만 회선을 돌파했다는 뉴스가 호재였다. 알카텔의 피나는 구조 조정 계획도 투자자들에게 신뢰를 줬다. 알카텔은 핵 장비 업체 프라마톰의 지분 8.6%와 비벤디유니버설의 0.8%, 소시에 제너럴의 0.3% 지분도 2003년까지 매각할 예정이다.

조직 슬림화를 위해 2001년 말 9만 9,000명에 달했던 알카텔

밴더 파이낸싱(vendor financing)

통신 등 서비스 업체가 알카텔과 같은 장비 제조 업체에 장비 공급권을 우선적으로 주는 대신 자금, 기술 등을 지원 받는 것을 말한다.

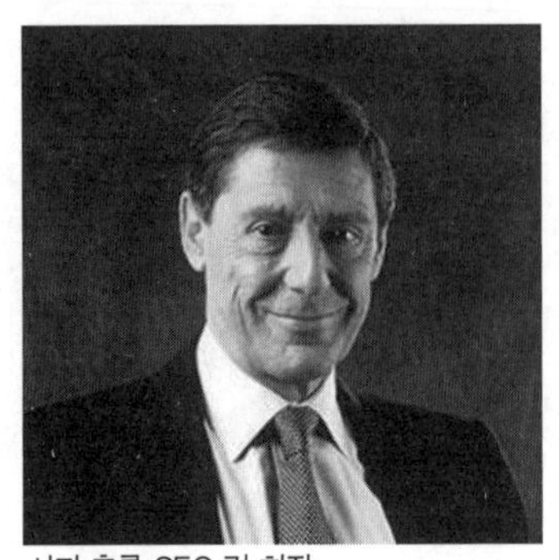

서지 추룩 CEO 겸 회장

전체 직원을 6만 명 수준까지 줄이기로 했다.

서지 추룩 CEO 겸 회장은 "알카텔의 순손실을 회복하고 광대역 서비스 및 장비 사업으로의 전환을 위해 제조업에서 유람선 건조 등에 이르는 120개 공장을 대부분 정리하겠다"고 다짐했다. 그는 "이 같은 구조 조정을 바탕으로 2003년 4분기에는 두 자리 수 매출 증가를 예상하고 있으며 총부채도 20억 달러 미만으로 유지해 나갈 것"이라 자신하고 있다.

또한 알카텔은 중국 시장 공략을 통해 아시아 시장 점유율을 높인다는 계획이다. 알카텔은 2002년 중국 통신 업체인 상하이벨 주식을 추가로 매입, 51% 지분을 확보해 상하이벨의 독자적인 경영권을 확보했다. 알카텔은 이 회사를 아시아 태평양 지역 본부로 삼아 아태 시장 및 중국 시장에 알카텔의 각종 통신 장비를 공급할 방침이다.

이를 위해 알카텔상하이벨(ASB) 본사 내에 연구혁신센터(R&I)를 설립하고 본격 운영에 들어갔다. 우선 상하이센터는 최신의 광대역 엑세스 솔루션 및 차세대 무선 기술 분야의 연구 개발에 초점을 맞추기로 했다. 또한 이곳은 전 세계 다섯 군데의 R&I 센터와 공동으로 차세대 제품 설계 및 개발을 병행한다.

추룩은 "아시아 태평양 지역의 수익을 현재 7%에서 5년 내 4배 이상인 30%로 올리는 것을 목표로 중국에 집중 투자할 계획"이라

전했다.

경제 주간지 『비즈니스위크』는 전문가의 말을 인용해 "알카텔은 국제화와 핵심 역량의 적절한 다각화로 텔레콤 시장의 불황을 원만히 소화해 내고 있다"고 전한 바 있다.

한편 얼마 전 KT는 무궁화위성 5호 제작 업체로 알카텔을 선정했다. 위성 수주 실적 등을 고려해 국제 경쟁 입찰을 실시한 결과 프랑스의 알카텔과 아스트리움, 미국의 록히드 마틴 3개사가 입찰 제안서를 제출했었다.

KT는 선정 이유에 대해 "알카텔이 위성 네트워크 부문에서 높은

알아두면 유익한 프랑스 기업

1. 쁘렝땅(PPR) : 프랑스 제일의 기업이다. 오너인 삐노는 뒤에 물러나 있고 와인버그 최고경영자가 경영을 책임지고 있다. 대표적인 소비재 기업으로, 프랑스인들은 ① 쁘렝땅 백화점에서 쇼핑을 하고, ② 프낙(FNAC) 체인점에서 책과 CD를 구입하며, ③ 구찌 가방을 들고 다닌다. 프랑스에 살게 되면 쁘렝땅과 피할 수 없이 관계를 맺게 된다.

2. LVMH : 세계 최대의 명품 왕국으로 루이뷔통 브랜드로 우리에게 친숙하다. 루이뷔통 이외에도 크리스챤 디오르, 셀린, 지방시, 펜디 등은 전 세계 여성들이 선망하는 사치품이다. 쁘렝땅의 오너인 삐노와는 달리, LVMH는 창업자인 아르노가 직접 진두 지휘한다. 아르노는 공격적인 인수 합병으로 유명한데, '캐시미어 징장을 입은 늑대'라는 닉네임이 따라다닌다.

3. 비벤디유니버설 : 세계 2위 미디어 그룹이다. 장마리 메시에라는 유명 인사가 2002년까지 회장으로 있으면서, 150여 년 된 작은 수도 회사 비벤디를 캐나다의 연예 기업 시그램, 유럽 최대의 유료 텔레비전 채널플러스, 미국 케이블 방송사인 USA네트워크와 합병해 유럽 최대 미디어 그룹으로 변모시켰다. 하지만 과도한 합병 과정에 발생한 170억 달러의 부채 때문에 2002년 책임을 지고 물러났다. 현재는 제약 회사 출신의 푸르토가 최고경영자로 구조 조정을 책임지고 있다.

4. BNP파리바 : 시가 총액과 자산 가치를 기준으로 유로존 최대 은행으로 최근에도 공격적인 인수 합병을 주도하고 있다. 이 은행은 우리 나라의 신한은행과 전략적 제휴 관계를 맺고 있다. BNP파리바의 자회사인 카디프생명은 신한금융그룹과 공동 출자해 설립한 SH&C생명보험을 통해 국내 방카슈랑스 시장에 뛰어들었다.

수준의 기술력을 확보하고 있으며, 항공 및 지상 네트워크를 비롯한 다양한 글로벌 솔루션 부문에서 전 세계 업계를 선도하기 때문"이라고 밝혔다.

알카텔은 기상 관측, 고도 측량 분야에서 1위를 기록하고 있으며 과거 10년간 위성 네비게이션 분야에서 20여 개의 계약을 성사시키기도 했다.

육상 운송으로
새로운 활로 모색

페덱스 (FedEx)

페덱스는 연간 150억 달러 매출을 기록하며 전 세계 200여 개국을 대상으로 국제 특송 배달 서비스를 실시한다. 페덱스는 스미스 회장이 1973년 창업했다. 스미스는 대학 재학 시절, 비행기 이동이 많지 않은 밤 시간을 이용하는 화물 전용 항공 회사가 필요하다는 아이디어를 떠올렸다. 승승장구하던 페덱스는 1980년대 팩시밀리의 등장으로, 1990년대에는 이메일의 등장으로 위기를 맞게 된다. 페덱스는 이를 타개하기 위해 현재 육상 운송 비중을 40%까지 늘린다는 계획이다.

영화 〈캐스트어웨이〉의 한 장면

페덱스 직원인 척 놀랜드(톰 행크스)는 시간을 분초 단위로 나눠 쓰는 바쁜 현대인이다. 그가 탄 비행기가 추락, 어느 외딴 무인도에 홀로 떨어진다. 그는 무인도에서 차근차근 적응해 나간다. 그리고 자기 자신을 조용히 돌아보게 된다. 한국에서 히트 친 영화 '캐스트어웨이'의 줄거리다.

이 영화를 보면 페덱스에 대해 적어도 몇 가지는 짐작할 수 있게 된다. 일분일초를 다퉈, 페덱스 마크가 새겨진 전용 운송기를 이용해 배달하고, 고객의 화물에 대해 끝까지 책임진다는 것.

페덱스는 연간 150억 달러 매출을 기록하며 전 세계 211개 국가를 대상으로 국제 특송 배달 서비스를 한다. 페덱스(fedex)라는 단어가 '물건을 빨리 보내다'는 의미로 사전에 올라 있을 정도로 대표적인 물류 업체다.

미국에서 '페덱스'라는 이름은 종종 '밤새 달려가 물건을 전해

212

주겠다'는 뜻으로 사용된다. 매일 저녁 7시에 출발하는 페덱스의 전용 화물기는 다음날 오전 10시 30분 이전에 미국 내 어느 곳이든 정확하게 물건을 내려놓는다. 만약 제시간에 배달이 안 될 경우 운임을 전액 환불해 주는 제도를 실시하고 있는데, 이런 경우는 거의 없다고 한다. 이처럼 페덱스는 철저한 차별화 전략으로 성공했다. 즉 '전문화된 야간 배송 서비스'라는 차별화된 브랜드 이미지를 바탕으로 세계 굴지의 배송 서비스 회사로 성장할 수 있었다.

1973년 당시 10대의 항공기와 44대의 차량, 400명의 직원으로 시작한 페덱스는 30년이 지난 지금, 임직원 15만 명, 46,000군데의 사무소, 670여 대의 화물기와 5만 대의 화물 차량을 보유한 세계적인 특급 배송 업체로 성장한 것이다.

하지만 아이러니컬하게도 영화가 한창 히트 친 2000년 말 회사 상황은 최악이었다. 라이벌 UPS가 에어버스 운송 사업에 막대한 투자를 하고 전산 네트워크를 첨단화해 정확성을 더해 간 반면, 페덱스는 쇠퇴 일로를 걷고 있었다. 가장 큰 이유는 페덱스에 서류 운송을 맡겼던 많은 고객들이 값비싼 항공 운항에 부담을 느끼고 이메일이나 육상 운송 등 대체 수단을 찾아 떠난 데 있다.

설상가상으로 닷컴 거품 붕괴는 경기에 민감한 페덱스를 더욱 궁지로 몰아넣었다. 사정이 어려워진 닷컴 기업들이 운영비를 대폭 줄이는 바람에 페덱스를 예전보다 덜 이용하게 된 것이다.

페덱스는 월가 사람들에게 소위 '맛이 간' 기업 중 하나로 분류되었다. 몇몇 애널리스트 사이에선 "페덱스가 조만간 M&A 악몽에 시달리게 될 것"이라는 우울한 전망이 제기되기도 했다.

항공 운송과 육상 운송의 쌍두마차

아무도 페덱스의 부활을 점치지 못했다. 그런 의미에서 최근 페덱스의 부활은 놀랍기만 하다. 페덱스 부활의 1등 공신은 '육상 운송의 성공'이다. 페덱스가 5년 전 처음 육상 운송을 시작했을 때 이렇게 빨리 성장하리라고는 아무도 예상치 못했다.

페덱스는 지역 트럭 업체들과 인수와 제휴를 통해 효율적으로 관계를 맺었는데, 이것이 페덱스가 육상 운송에서 성공할 수 있었던 주요 동인이었다. 페덱스는 지역 운송 물류망을 신설하지 않고 기존 조직을 인수하거나 제휴 관계를 맺음으로써 시간과 비용을 절감했다.

페덱스의 육상 운송 전략은 UPS와는 많이 다르다. UPS가 자사 조직을 철저히 통제했다면, 페덱스는 제휴 관계의 트럭 업체들에게 운송 실적대로 금액을 지급하는 실리 위주 정책을 폈다.

UPS는 여전히 미국 육상 운송의 80%를 점하고 있다. 페덱스 점유율 15%는 아직 미미한 수준이다. 하지만 최근의 변화 양상은 페덱스를 고무시키기에 충분하다. 2002년 3/4분기 페덱스 육상 운송은 12% 성장한 반면, UPS는 2% 하락했다.

운 좋게도 2002년 여름의 UPS 파업 사태는 페덱스에겐 값진 선물이었다. 페덱스는 이 사건 덕택에 15만 건의 육상 운송 실적을 거뒀다. 게다가 이때 처음으로 페덱스 시스템을 이용해 본 고객들은 페덱스를 신뢰하기 시작했다. 예상치 못한 구전 효과도 상당했다.

이제 페덱스는 좀더 과감하게 UPS 안방을 노리고 있다. 지금까지는 서류 운송, 즉 비즈니스 고객을 중심으로 다뤘지만 앞으로는 UPS의 아성인 가정용 배달에 주력할 방침이다. 2003년 이 분야에서 140% 성장이 예상된다.

장기적으로 페덱스는 육상 운송의 비중을 늘리면서 항공 운송을 프리미엄급 서비스로 고급화한다는 계획이다. 경제 주간지 『비즈니스위크』는 2002년 12월 "페덱스는 새로운 전략으로 현재의 경기 침체를 원만히 대처해 나가고 있다"며 "육상 운송은 항공 운송의 대안으로 고객들에게 선택의 폭을 넓혀 주고 있다"고 전했다.

컨텐츠 고급화로
시너지를 높여라

AOL타임워너 (AOL Timewarner)

신 경제와 구 경제의 환상적 결합이라는 찬사 속에 AOL타임워너는 2001년 출범했다. 스티브 케이스와 테드 터너는 굳게 손을 잡고 전 세계 미디어 시장을 정복하겠다고 다짐했다. 하지만 AOL의 거품이 빠지자 곳곳에서 불협화음이 들리고 있다. 2003년 초 협상의 주역인 두 사람이 퇴진했다. 파슨스 현 회장은 현 위기를 성장통으로 간주하고 컨텐츠 고급화와 브로드밴드 서비스 강화로 승부수를 걸기로 했다. 주력 사업으로는 종합 미디어 서비스와 인터넷 서비스, 출판이 있으며, 연간 매출은 102억 달러이다. 파슨스 회장이 최고경영자를 겸하고 있다.

시작은 거창했다. 이론적으로 AOL과 타임워너의 합병은 신경제(new media)와 구경제(old media)의 환상적인 결합이었다. 타임워너는 합병을 통해 2,200만의 가입자를 가진 거대하고 잘 정비된 온라인 플랫폼을 확보하게 되었다. 그동안 많은 고객을 보유하고는 있었지만 이들 고객을 구식 케이블망에 계속 묶어 두기는 참으로 어려웠었다. 합병으로 인해 타임워너는 인터넷의 '손님 유지 능력'을 보완하게 된 것이다.

AOL 역시 두 가지를 확보하게 되었다. 첫 번째는 타임워너가 보유한 영화, 음악, TV 쇼 및 잡지 등의 컨텐츠이고 다른 하나는 미국 내 가구 20%에 달하는 전국적인 케이블망이다. 일례로 타임워너가 소유한 HBO 채널은 미국 내 가장 인기 있는 유료 채널로 3,500만의 가입자를 가지고 있었다. 또 타임워너 케이블은 약 1,300만 가구의 가입자를 보유해 AT&T에 이어 미국 내 2위 규모다. 따라서 AOL과 타임워너의 합병은 "융합을 통한 이윤의 극대화를 가능케 하는 가치사슬의 완성"이라고 평가받았다.

이로서 AOL타임워너는 2,600만 명의 인터넷 가입자 및 케이블 채널 CNN과 HBO, 스포츠 일러스트레이트, 워너브라더스, 시사주간지 『타임』 등을 거느린 세계 최대의 미디어-엔터테인먼트 공룡이 되었다.

그러나 갈등이 싹텄다. 우선 기업 문화가 달랐다. 기술을 중시하고 성장을 앞세우는 온라인 기업과 컨텐츠를 중시하고 안정을 추구하는 오프라인 기업은 사사건건 대립했다. 무엇보다 AOL의 수익 악화가 갈등을 증폭시켰다. 2002년에는 미국 기업 사상 최대

규모인 987억 달러의 적자를 기록했다. 이는 2001년도 적자의 20
배에 달한다. 주로 AOL의 실적 부진과 자산 가치 하락 때문인 것
으로 분석된다. 실제로 AOL의 광고, 영업 부문 매출은 16억 달러
에 그쳐 2001년의 27억 달러에 비해 크게 줄었다. 합병 직후 56달
러였던 주가가 14달러대로 폭락했다.

합병 주역들의 전원 사퇴

2003년 1월 합병의 주역인 스티브 케이스가 회장직에서 물러난다
고 발표했다. 그는 "주주들이 합병 이후의 실적에 대해 나에게 계
속 실망을 표시하고 있다는 점을 고려해 필요한 조치를 취하게 되
었다"고 설명했다. 그는 2002년부터 주가 하락을 비롯, 회계 부정
관련 조사에 대해 내부의 사임 압력을 받아 왔었다. 또 기술 개발
에만 집착해 현실적인 사업 전략을 도입하는 데 실패했다는 비난
도 들어 왔다.

케이스 회장의 사임 발표 후 테드 터너 부회장이 사퇴를 전격 발
표했다. 현지 전문가들은 터너 부회장이 잘못된 합병을 주도한 데
대한 책임을 지고 물러나는 것으로 분석한다. 이로써 2003년 5월
이면 합병의 주역들이 모두 퇴진하는 사태를 맞게 되었다.

구원 투수 파슨스 등장

케이스 회장의 사퇴로 리처드 파슨스 최고경영자가 2003년 5월부
터 회장을 겸임하게 되었다. 이 사건은 몇 가지 점에서 의미가 있
다. 첫째는 인수 당한 타임워너 측이 AOL을 점령하게 되었다는

리처드 파슨스 회장　　스티브 케이스 전 회장　　테드 터너 전 부회장

점이고, 둘째는 파슨스가 파월 국무장관에 버금가는 성공한 흑인이라는 점이다. 셋째는 회장직과 CEO를 분리해야 한다는 분위기 속에서도 파슨스가 회장과 CEO를 겸직한 걸로 봐서 파슨스에 대한 안팎의 기대가 크다는 점이다.

사실 파슨스는 미디어나 인터넷의 전문가가 아니다. 전임 CEO 레빈이 그를 데려왔을 때 주변에선 "미친 짓"이라고 비웃기까지 했다. 하지만 그는 타고난 정치 감각과 협상 능력으로 어려운 일을 매끄럽게 해결했다. 그의 조정력은 합병 승인을 받기 위해 규제 당국이나 경쟁 회사를 설득할 때 결정적인 역할을 했다.

폭스의 머독 회장과 디즈니의 아이스너 회장은 그 당시 파슨스의 매끈한 일 처리에 감동받았다고 한다. 부시 대통령, 블룸버그 뉴욕 시장도 그의 팬이다. 부시는 파슨스를 "정보화 시대의 진정한 리더"라고 평했고 블룸버그 시장은 시장인수위원으로 그를 위촉했다.

월가에선 "아무도 그에게 나쁘게 말하는 것을 들은 적이 없다"고 추켜세운다. 파슨스는 "나는 다른 사람들이 행복할 때 더욱 행복하다. 만일 나만 행복한 사람이라면 그것은 뭔가 잘못되어 가고 있는 것이다"라고 공존 철학을 밝히곤 한다.

파슨스의 경영 전략을 보자. 파슨스는 기본적으로 현 위기를 '성장통'으로 정의한다. AOL과 타임워너의 합병은 결코 잘못된 만남이 아니라는 얘기다. 조금만 더 노력하면 예상했던 시너지 효과가 나타날 것이라는 논리다.

정석대로 그는 AOL타임워너의 부활 해법으로 컨텐츠 고급화와 브로드밴드(broadband) 서비스 강화를 승부수로 던졌다. AOL타임워너의 온라인 사업 전략의 핵심은 '프리미엄' 컨텐츠 차별화를 통한 브로드밴드 서비스 강화다.

구체적으로 『타임』, CNN, HBO 등 AOL타임워너의 다른 미디어 자산을 활용해 가입자들에게 우수한 컨텐츠를 독점적으로 제공한다는 계획이다. 온-오프 사업 간의 시너지를 통해 기존 가입자

테드 터너는 부와 명예를 동시에 거머쥐고 세계적인 명사로 활동해 온 뉴스 메이커다. CNN 설립자인 그는 미국 방송계의 '살아 있는 전설'로 통한다. 동시에 AOL타임워너 지분 3%를 보유한 최대 개인 주주이기도 하다.

하지만 요즘 그의 생활은 불쾌함의 극치다. 잘못된 합병으로 주가가 80% 폭락하는 바람에 그의 주식 가치가 90억 달러에서 20억 달러로 줄어들었기 때문이다.

파슨스 현 회장의 경영 방침에 대해서도 불만이 한두 가지가 아니다. 그가 지나치게 자산 매각과 부채 감축에 매달리고 있다는 얘기다. 특히 테드 터너는 현 경영진이 그가 애지중지하는 CNN을 말아먹고 있다고 비난한다. CNN 방송은 글로벌 취재망을 바탕으로 신속 보도라는 장점을 살려야 하는데, 폭스 뉴스 등 경쟁사의 전략에 말려들어 선정적 뉴스에 매달린다는 얘기다.

급기야 테드 터너는 NBC 방송에서 "나는 달걀을 모두 한 바구니에 담았다"고 후회하며 "현재 진행 중인 소송을 지켜보고 있다"고 털어놓았다.

파슨스 현 회장이 그의 후회를 얼마나 달랠 수 있는지 귀추가 주목된다.

들을 붙들고 새로운 회원을 늘린다는 계획이다. 또한 성장 잠재력이 큰 브로드밴드 서비스를 강화키로 했다. 이를 위해 새로운 브로드밴드 서비스를 시작하기로 했다. 새로운 서비스는 AOL이 직접 네트워크 망을 빌려 사용치 않고 다른 기업들이 운영하는 초고속 인터넷망을 통해 AOL의 프리미엄 서비스를 제공하는 것이다. 이 서비스를 이용하는 고객은 별도의 사용료를 내야 한다.

한편 대대적인 비핵심 분야 정리도 뒤따를 전망이다. AOL타임워너는 경영 손실을 만회키 위해 지난 연말 위성방송 운영 업체인 휴즈전자의 지분을 처분했다. 또한 출판 사업 부문을 매각키로 결정하고 매수자와 협상 중이다. 이 회사의 출판사업부는 미국 내 상업용 출판 업계 5위로 연간 매출액이 3억 2,000만 달러에 달한다.

케이블 TV도 예외가 아니다. 코미디 센트럴과 법정(court) TV 등 2개 케이블 조인트 벤처의 지분을 처분할 계획이다. 또 미국 프로야구 명문 구단인 애틀랜타 브레이브스와 농구 구단 애틀랜타 호크스, 아이스하키 팀인 스레셔즈도 매각 대상으로 검토되고 있다. 투자 은행은 이들 세 구단을 함께 매각할 경우 10억 달러 이상은 받을 수 있을 것으로 평가한다.

8톤 트럭과
디젤 엔진에 주력

이스즈 (Isuzu)

이시카와지마사와 도쿄가스전기공사의 합병으로 1916년 태어난 이스즈는 디젤 엔진으로 유명하다. 옛 영화를 뒤로 한 채 2002년 창사 이래 최대 위기를 맞았는데, 고이즈미 내각의 강력한 구조 조정 계획으로 인해 퇴출될 뻔하기도 했다. 현재는 GM의 추가 투자로 한숨 돌리고, 8톤 트럭과 디젤 엔진에 회사 역량을 집중하고 있다. 최고경영자는 요시노리 이다이고, 연간 매출이 102억 달러에 이른다.

최영미 시인은 컴퓨터를 '노련한 공화국'에 빗댄다. 결국엔 거부할 수 없게끔 인간들을 노련하게 순응시킨다는 점에서다. 경영학과 교수들이 GM을 보는 관점도 비슷하다. GM 측이 아무리 부정해도 GM대우가 단순 하청 생산 기지에 머물지 않을까 우려되는 것도 그런 이유에서다.

세계 최대 자동차 왕국 GM의 아시아 축은 크게 호주(홀덴), 일본(스즈키, 이스즈, 후지중공업), 한국(GM대우), 중국(상하이자동차)으로 나뉜다. 호주와 일본은 R&D와 핵심 기술을 맡고 한국과 중국은 생산을 담당하는 셈이다.

이 중에서 이스즈는 GM의 엔진 개발 전문 회사로 자리매김했다. 이스즈 입장에서는 원통하겠지만 GM대우나 상하이자동차 입장에서는 그래도 부러울 따름이다.

2002년 이스즈는 창사 이래 최대 혼란에 휩싸였었다. 손실이 14억 달러에 달했고 매출은 전년 대비 21%나 줄어든 102억 달러에 머물렀다. 이런 분위기를 반영, 2002년 주가는 41%나 폭락했다.

이스즈의 위기는 최근에 시작된 게 아니다. 1999년부터 적자를 기록해 3년 동안 적자액이 17억 달러에 달했다. 그동안 5,000명을 감원했다. 2002년에는 고이즈미 내각이 강력하게 구조 조정 의지를 천명하는 바람에 퇴출 공포에 휩싸이기도 했다.

2002년 10월 요시노리 이다 회장은 새 구조 조정안을 발표했다. 벌써 5년 동안 4번이나 거듭되는 구조 조정이다. 요시노리 회장은 "적자를 면치 못하는 미국에서의 경트럭 생산, 일본에서의 스포츠 유틸리티 생산을 중단하고 추가적인 감원을 할 것이며, 중국이나 인도 같은 신흥 시장에 주력하겠다"고 설명했다. 그는 "이것이 마지막 구조 조정이 될 것"이라고 애써 강변했다.

일본 3대 메이커였던 이스즈가 어떻게 이런 지경에 이르렀을까? 가장 큰 이유는 이스즈가 1990년대 초반 스포츠 유틸리티 차량 생산을 중단했기 때문이다. 아무래도 픽업 차량에 기반을 둔 이스즈 기술로는 승용차를 전문으로 생산하는 경쟁 차들의 편안함을 쫓아갈 수 없었다. 이렇게 되자 이스즈(로데오, 투루퍼)는 미국 시장에서의 우위를 도요타와 혼다에 내주게 되었다. 1995년부터 이스즈의 미국 시장 점유율은 급속히 하락해 현재 0.3% 정도 수준이다.

일본 시장에서 이스즈의 간판인 트럭 매출이 하락한 것도 이스즈 몰락의 주요 요인이다. 일본 경기 침체로 이스즈 트럭의 주고객인 건설 회사들이 차량 구입을 자제하기 시작했다. 이에 따라 이스즈의 모델인 엘프 2, 3톤 트럭과 기가 10, 20톤 운송차 매출은 1997년 3만 4,000대에서 2002년 1만 8,000대로 크게 감소했다.

이스즈의 판매 담당 부사장인 코 조 사카이노는 "우리는 일본 경제가 회복돼 트럭 매출이 늘어나기만을 손꼽아 기다렸다. 하지만 일본 경제는 아직도 침체"라고 하소연한다.

디젤 사업 부문을 살려라

하지만 이스즈는 시장에서 퇴출되기에는 너무 아까운 존재였다. GM은 이스즈의 트럭 제조 능력과 디젤 엔진의 우수성을 인정해 600억 엔을 투자했다. 500억 엔으로 이스즈의 핵심 자산인 미국 및 폴란드 디젤 엔진 부문에 대한 지분 60%를 얻고, 100억 엔으로 이스즈 지분 12%를 새로 확보했다. 이렇게 되면 GM의 이스즈에 대한 지원액은 총 1,100억 엔이 된다. GM은 이스즈가 파산할 경우 경쟁사에 팔릴 수도 있는 디젤 사업 부문에 대해 우려한 것이다. GM 아시아·태평양 대변인은 "GM은 디젤 생산 능력과 기술이 부족하기 때문에 이스즈는 GM에 매우 중요하다"고 설명한다.

대신 GM은 1,100억 엔을 투자한 대가로 대표권을 갖는 부사장을 이스즈에 파견함으로써 실질적으로 회사를 장악하게 되었다.

이스즈는 자의반 타의반으로 8톤 트럭과 디젤 엔진 사업에 몰두한다는 계획이다. 이스즈의 디젤 엔진은 여타 가솔린 모터보다 저렴하고 성능이 우수하다. 현재 이스즈 엔진은 혼다, 르노, 사브, GM 차량에 장착되고 있다.

한편, GM은 이스즈자동차를 통해 중국 진출을 강화하기로 했다. GM의 아시아·태평양 지역 사장인 프리츠 헨더슨은 올초 디트로이트 모터쇼에서 "중국은 이스즈에 적당한 시장"이라고 말했다. 이스즈는 올해 상하이자동차와 공동으로 1만 대의 8톤 트럭을 생산할 예정이며 오는 2005년까지 생산 대수를 7만 대로 끌어올릴 계획이다.

살릴 것만 남기고
나머진 버린다!

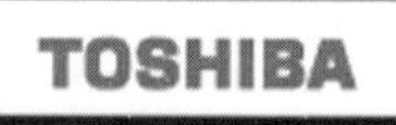

도시바(Toshiba)

130년 역사를 지닌 도시바는 일본의 대표적인 가전 기업. 국내에는 주로 반도체 제조 업체로 알려져 있다. 하지만 도시바는 2002년 초 도시바코리아를 설립하고 공격적인 마케팅을 펼치고 있다.

도시바는 구조 조정을 통해 10개 사업 단위로 독립시켰다. 도시바는 1986년 세계 최초로 노트북 컴퓨터를 상용화했으며 현재까지도 세계 시장 노트북 누적 판매 1위(2,180만 대, 2001년 9월 기준), 7년 연속 판매 1위를 기록했다. 주력 품목은 이 밖에 반도체와 TV가 있으며 2001회계연도 매출액은 405억 달러다. 현재 CEO는 타다시 오카무라 사장이며 본사는 일본 도쿄에 있다.

127년 역사의 도시바에게 2001년은 특별히 나쁜 기억으로 남아 있다. 매출액은 5조 3,940억 엔으로 2000년보다 9.4% 감소했고 적자 규모는 사상 최대인 2,540억 엔에 달했다. 영업이익도 최초로 1,135억 엔 적자를 기록했다.

도시바의 부진에 대한 주식 시장 평가는 엄격했다. 2001년 4월 말 도시바의 시가 총액은 1조 9,200억 엔으로 1992년 말보다 5% 감소했다. 일본의 7대 종합전자 회사 가운데 10년 전에 비해 시가 총액이 감소한 곳은 도시바 한 곳밖에 없다. 도시바가 2001년 영업 실적 발표한 다음날 미국의 신용평가 회사 S&P는 도시바의 신용 등급을 BBB+에서 BBB로 떨어뜨렸다.

도시바를 대표하는 간판 상품은 반도체와 노트북. 도시바는 2000년 인텔에 이어 반도체 매출 세계 2위를 기록했고 노트북 시장 점유율은 1994년부터 2000년까지 7년 동안 줄곧 1위였다. 현재도 도시바 노트북은 전 세계 노트북 시장의 약 14%를 차지하고 있으며 매년 평균 10% 이상 성장하고 있다. 2001년 판매 1위 자리를 미국의 델컴퓨터에 잠시 넘겨줬으나 2002년 되찾았다.

이 밖에도 도시바는 전자 업종에 있어서 GE, IBM 등에 이어 세계 8위권에 드는 거대 기업이지만 국내에는 그다지 알려지지 않았다. 노트북 PC의 경우 줄곧 세계 1위를 지키고 있으나 국내에서는 삼성, LGIBM, HP, 삼보, 후지쓰 등에 밀려 6위권에 머무르고 있다.

10개 컴퍼니제로 개편

그렇다면 도시바가 안고 있는 문제점은 무엇인가?

도시바의 니시지츠 전 회장은 1999년 4월 '컴퍼니제(制)'를 도입했다. 몇 차례의 수정을 거쳐 도시바는 2000년 4월 반도체, 인터넷, 시스템 개발, 인프라(상하수도, 철도), PC, 비디오, 휴대폰 액정과 전지, 의료기기, 가전 등 모두 10개 사업 단위로 분리했다. 그러나 10개 사업 단위로 세분화한 '선택과 집중' 전략은 실효성을 상실했다는 평가다.

현금자동지급기(ATM) 사업을 오키전자에 매각하고 에어컨 사업을 미국 업체와 합병했다. 니시지츠 전 회장은 "컴퍼니제가 수익 개선이라는 본래의 취지와는 달리 '수익이 부진한 사업은 존속을 허락하지 않는다' 는 수동적 의미로 변했다'"며 "도시바에는 충격이 필요하다"고 지적했다.

그런 의미에서 2000년 8월 발표한 '액션 플랜'은 적지 않은 충

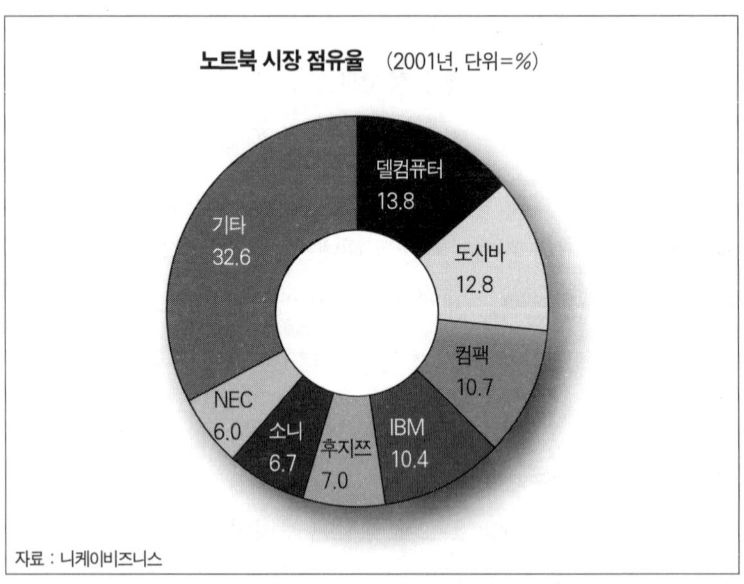

격이었다. 우선 성역으로 남아 있던 평생 고용이 파괴됐다. 조기퇴직제가 확대됐고, 2004년 3월 말까지 18만 8,000명에 달하는 고용 인원을 10% 감원하기로 결정했다. 주력 사업인 범용 D램에서도 손떼기로 했다. 2001년 12월 미국 내 반도체 라인을 마이크론 테크놀로지에 매각했다. D램 철수가 사원들에게 미치는 정신적 충격은 매우 컸다.

도시바의 '선택과 집중'이라는 구조 조정 전략은 지금부터 시작이다. 도시바가 가장 중점을 두고 있는 분야는 전자 부품 사업. 도시바는 2002년 1분기 '다이나북 SS시리즈'로 노트북 시장 점유율 1위를 탈환했다.

다이나북 SS시리즈의 강점은 B5 크기에 두께는 14.9mm로 세계에서 가장 얇다는 점이다. 도시바는 자체 개발한 8mm짜리 1.8형 하드디스크 구동장치(HDD)를 업계 최초로 내장시켜 초박형 노트북을 만들 수 있었다.

도시바는 이 밖에 휴대폰에 사용되는 고화질의 저온 액정, 반도체 플래시 메모리가 국제 경쟁력을 갖고 있는 것으로 판단하고 있다. 부품 기술에서 점하고 있는 우위를 PC나 휴대폰에 적용해 다른 업체가 개발할 수 없는 상품을 집중 개발한다는 전략이다.

'도시바 디지털 미디어 네트워크'는 컴퓨터, 영상, 통신, 저장 장치 등의 기술과 개발 부문을 통합해 혁신적인 테크놀로지를 제품에 적용하고 있다. 도시바 디지털 미디어 네트워크는 e솔루션, 모바일 커뮤니케이션, 반도체, 디스플레이 기기 및 부품 등 도시바 내 10개 사내 법인 중 하나다.

노트북 PC, HDD, PDP TV, 프로젝션 TV 등 디지털 영상 가전 등을 개발 생산하며 도시바 전체 매출의 25%를 차지하고 있다. 특히 모바일 기술과 디지털 가전을 결합한 홈네트워킹 관련 제품 개발 등 디지털 컨버전스 시대를 이끄는 핵심 사업체로 그룹 전체의 구조 조정과 통합 축소 분위기 속에서도 역량이 집중되고 있다. 2001년 11월 일본 오메에 설립된 핵심기술센터의 연구 개발자와 엔지니어는 3,000여 명에 이른다.

구조 조정은 일단 성공적이다. 도시바는 2002회계연도 상반기(2002년 4~9월)에 264억 엔의 적자를 냈지만 일본 가전 업체 가운데 구조 조정의 혜택을 가장 많이 받았다는 평가다. 특히 일본의 전자 대기업 가운데 유일하게 반기 매출 실적이 증가했다. 반기 매출은 5% 늘어난 2조 6,000억 엔을 기록했다. 애널리스트들은 도시바가 2001년 12월 첨단 D램 제조 부문 매각 등 혹독한 구조 조정을 단행한 데 따른 지속적인 수혜가 예상된다고 설명했다.

골드만삭스의 반도체 애널리스트 마쓰하시 이쿠오는 반도체 부문에서 "도시바의 목표는 2002년 530억엔(4억 3,100만 달러)의 영업 이익이다. 다른 회사들은 300억 엔 가량의 적자를 예상하고 있다"며 "이는 도시바의 시장 생존 능력을 보여 주는 것"이라고 지적했다.

이제는 건강 음료 시대,
코카콜라 제치고
1위 고수할 터

펩시코 (Pepsico)

펩시코는 1998년 게토레이로 유명한 퀘이커오츠를 인수하면서 코카콜라를 제치고 세계 최대 음료 제조 업체 자리에 올랐다. 약사였던 캘러브 D. 브래덤은 1898년 자신이 만든 음료에 펩시콜라라는 이름을 붙였고 1902년 펩시콜라(Pepsi-Cola Company)를 설립했다.

1965년 프리토레이(Frito-Lay, Inc.)와 합병한 뒤 현재의 이름으로 회사명을 변경했으며 피자헛(Pizza Hut, Inc., 1977), 태코벨(Taco Bell Inc., 1978), 세븐업인터내셔널(Seven-Up International, 1986), 켄터키프라이드치킨(Kentucky Fried Chicken Corp., 1986)을 각각 인수하였다. 주요 제품은 콜라, 게토레이, 트로피카나 주스 등이며 2001년 매출은 269억 달러였다. 현재 CEO는 스티븐 라이먼드 회장이며 본사는 미국 뉴욕 주 퍼처스에 있다.

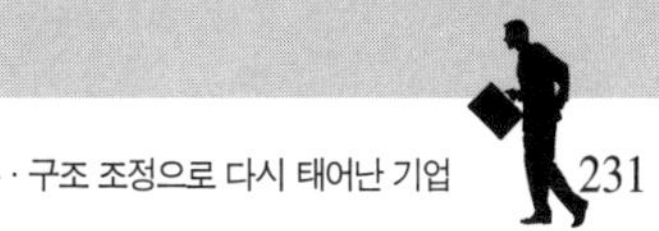

한국에서는 최근 건강과 다이어트에 대한 관심이 높아지면서 패스트푸드의 인기가 시들해졌다. 아직 패스트푸드 업체에 대한 고소 고발까지 가진 않았지만 햄버거나 탄산 음료를 찾는 인구는 눈에 띄게 줄어들었다.

미국에서는 한국보다 더하다. 미국 소비자들의 음식에 대한 관심은 한국에 못지 않다. 햄버거 왕국 미국 시민들은 '햄거버를 먹어서는 안 되고 신선한 야채와 가정식을 먹어야 한다' 는 사실을 잘 알고 있다.

미국은 전체 인구 2억 8,000만 명 가운데 30%가 넘는 8,400만 명이 비만 환자이다. 비만 환자들은 인스턴트 업체를 향해 비만 소송을 진행하고 있다. 자신들이 살찐 책임은 고칼로리 음식을 만들어 내는 업체들에 있다는 주장이다.

연방법원에서 진행 중인 비만 관련 소송에서 인스턴트 식품 업체들이 패하게 되면 탄산 음료를 제공하는 펩시코는 그 다음 공격 대상이 된다. 펩시코를 비롯한 음료 업체들이 바짝 긴장하고 있는 것도 바로 이런 이유에서다.

펩시코는 전통적으로 국내(미국) 시장에서 강하다. 전체 매출의 70% 이상을 미국에서 끌어낸다. 펩시는 또 피자헛, 켄터키프라이드치킨을 직영하면서 패스트푸드 시장에 발을 들여놓는 등 업종 다각화를 적극 추진해 왔다. 그 결과 매출 중 음료의 비중은 절반에도 못 미친다.

펩시코 경영진들은 일단 겉으로는 여유가 있다.

"자신이 살이 찐 데 대한 책임을 프리토레이(Frito-Lay, Inc.,

스낵을 생산하는 펩시 계열사)에 돌려선 안 된다. 소비자들은 소파에 앉아서 음식을 꾸역꾸역 먹는 나쁜 습관을 비난해야 한다."(인드라 누이, 펩시코 사장 겸 CFO)

"우린 햄버거랑 다르다. 제품 뒷면을 봐라. 1온스 한 봉지에 3그램의 지방과 180밀리그램의 나트륨, 150칼로리가 정확히 표기돼 있다."(스티브 라인먼트, 회장겸 CEO)

시장 적응 전략 1 건강식 공급 증가

하지만 펩시코 리더들은 시장의 경고를 의미심장하게 받아들이고 있다. 펩시코 경영진들은 소비자들의 선호가 점차 다양한 종류의 비탄산 청량음료 쪽으로 옮겨가고 있다는 점을 정확히 파악하고 있다. 2001년 미국 시장에서 콜라 제품의 총판매량은 치열한 광고전에도 불구하고 2000년에 비해 2% 가량 줄어들었다. 펩시코도 미국 시장에서 전년도에 비해 2.8% 줄어든 매출에 만족해야 했다.

펩시코는 당장 건강식품 공급을 늘려 나가기 시작했다. 펩시코의 건강식품은 가령 지방과 나트륨 비중은 낮추고 칼슘과 같은 좋은 성분의 비중은 높인 제품들이다. 기존 제품도 팔면서 새로운 음식 시장도 형성시킨다는 이중 전략이다. 무엇보다 중요한 건 건강 보호론자들과 펩시코를 공격할 기회를 엿보고 있는 변호사들의 비난으로부터 한숨을 돌릴 수 있게 됐다는 것이다.

시장 적응 전략 2 저지방, 저칼로리 제품 생산

저지방, 저칼로리 제품을 찾는 소비자들의 욕구를 채워 주기 위한

움직임도 활발하다. 펩시코는 우선 2003년 1월, 미국 내에서 지방
산을 없앤 프리토레이 3총사(도리토스, 치토스, 토스티토스)를 시
판했다.

펩시코로서는 프리토레이를 포기할 수 없다. 프리토레이는 펩시
코 매출의 54%, 영업 이익의 56%를 가져다 주는 효자 계열사이
기 때문이다.

사정이 얼마나 급했던지 시장 테스트도 거치지 못했다. 750개
학교가 소속된 LA교육청이 2003년 1월 1일부터 학교 내 탄산음
료 자동 판매기를 일제히 제거했기 때문이다(미국에서는 스낵과
초콜릿도 자판기에서 구입할 수 있다).

시장 적응 전략 3 　기능성 음료

펩시코는 동시에 기능성 물과 게토레이, 트로피카나 주스의 판매
비중을 늘려 나갈 방침이다. 1987년부터 물 음료 시장에 뛰어든
펩시코는 자사 제품이 '순수한 물 그 자체' 라는 점을 내세우고 있
다. 자사의 '아쿠아피나(Aquafina)' 가 탄산음료를 만들기 위해 한
번 정수된 수돗물을 다시 최첨단 정수 시스템을 이용해 걸러 낸 물
임을 강조하고 있다.

카페인을 제거한 탄산음료도 선보였다. 카페인을 제거한 레몬소
다 '시에라 미스트' 는 영양주의자들의 비난의 칼날을 무디게 할
수도 있다는 판단에서다.

펩시코는 지난 1998년부터 코카콜라를 제치고 미국 내 음료 시

장 1위 자리에 올라섰다. 마릴린 몬로 이후 최고의 섹스 심벌로 떠오른 인기 가수 브리트니 스피어스를 내세우는 등 브랜드 마케팅에 막대한 돈을 퍼부어 효과를 톡톡히 봤다. 더욱 고무적인 사실은 브리트니 스피어스는 코카콜라 광이었다는 점이다.

105년 역사의 펩시코가 건강식품에 대한 소비자들의 요구를 잘 파악해 매출로 연결시킬 수 있을지 지켜볼 일이다.

흔들리는 공룡
Divide and Survive!

GE (General Electric Company)

1998년, 99년, 2000년 3년 연속으로 『포춘』지가 선정하는 세계에서 가장 존경받는 기업으로 선정된 GE의 모체는 발명왕 에디슨이 전구를 생산 판매하기 위해 1878년 설립한 '에디슨 전광회사'.

GE는 이후 종합 가전 회사로 성장하게 되고 1980년 잭 웰치 전임 회장이 취임하면서 인수 합병을 통해 기업 영역을 확장했다. 오늘날의 GE는 비단 전기 장비뿐 아니라 가전 제품, 제트 엔진, 금융 서비스, 방송 등으로 사업 영역을 확장했다.

GE는 1896년 다우존스 산업지수가 발표한 미국의 12개 우량 기업 가운데 현재까지 생존하고 있는 유일한 기업이다. 1997년에는 기업 역사상 최초로 시장 가치 2,000억 달러를 넘어섰고 마이크로소프트와 시가 총액 1, 2위를 다툰다. 2001년 매출액은 1,259억 달러 CEO는 제프리 이멜트 회장이다. 본사는 미국 코네티컷 주 페어필드에 있다.

발명왕 토머스 에디슨, 1892년, 세계 최초로 전구를 상품화한 기업, 시가 총액이 한국 증시 상장 기업의 시가 총액 합한 것보다 큰 기업, 세계에서 가장 존경받는 기업, 전설적인 CEO(잭 웰치)…. 2001년 9월까지 GE를 수식하던 용어들이다.

그러나 이런 수식어들도 더 이상 GE에 어울리지 않게 됐다. 제프리 이멜트 회장이 취임한 뒤 GE 주가는 60%나 하락했다. 시가 총액 1위 자리도 마이크로소프트에 내줬다.

1995년부터 7년 연속 두 자리 수 성장률을 기록했지만 2002년에는 한 자리 수로 떨어졌다. 특히 2002년 4/4분기엔 순이익(31억 달러)이 2001년 같은 기간(39억 달러)보다 21%나 감소했다. 고용자 재보험 지급준비금 부담이 크게 늘었기 때문이다. 2003년 1/4분기에도 발전용 터빈 선적량이 줄어들면서 순이익이 10%까지 줄어들 전망이다.

GE 핵심 사업 분야는 1995년부터 2000년까지 9.2%의 연평균 순익 증가율을 보였다. 그러나 같은 기간 순익의 40%가 GE캐피털에서 발생한 것으로 드러났다. 2002년엔 증시 침체로 이 같은 순익을 기대할 수 없었다.

채권 투자자들은 더 이상 GE 채권을 거들떠보지 않는다. 채권계의 '워렌 버핏'으로 통하는 빌 그로스는 1,000억 달러 상당의 GE 채권을 처분했다. 빌 그로스는 "한동안 GE 단기 채권 매입은 없을 것"이라 선언했다.

월가의 애널리스트들은 잭 웰치가 최고경영자로 있던 기간에는 묻지 않던 내용을 캐묻고 나섰다. "100억 달러 이상의 순익을 내

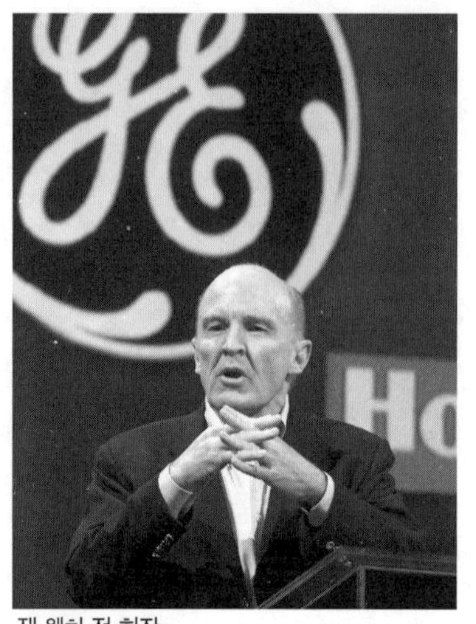

잭 웰치 전 회장

면서 총부채가 4,300억 달러인 것은 무엇 때문인가", "단기 차입금 비중이 50%나 되는 이유는 뭐냐" 등. 한 마디로 회계 부정으로 투자자들의 신뢰를 상실했다.

설상가상으로 GE 노조는 2003년 1월 지난 1969년 이래 33년 만에 파업을 일으켰다. 회사 측의 건강보험 분담금 인상 조처에 항의하기 위해서다.

구조 조정 1　1,2등이 아니면 포기한다

마음이 조급해진 이멜트 회장은 결국 구조 조정에 나섰다. 그는 우선 실적이 저조한 사업 분야 세 개를 매각할 방침이다. 매각 대상은 가전, 조명 그리고 고용자 재보험.

GE는 전임 웰치 회장의 취임 초기 시절, 해당 분야가 1위나 2위가 되지 못하면 매각하던 전력이 있다. 이멜트 회장은 전에는 매각을 진지하게 생각하지 않았지만 지금은 매우 진지하게 생각하게 됐다.

가전의 경우 매각 대상자로 삼성이 유력하다. 세계 대형 가전 업체별 시장 점유율(2001년 기준)을 보면 미국 월풀이 14.3%(매출 약 100억 달러)로 선두를 달린다. 이어 이탈리아 일렉트로럭스

238

12.8%(90억 달러), 일본 마쓰시타전기 9.7%(68억 달러), 독일 보쉬 7.1%(50억 달러), GE 7.0%(50억 달러), LG전자 6.4%(45억 달러) 등의 순. 삼성전자는 5.5%(약 40억 달러)로 9~10위를 오르내린다.

고용자 재보험은 워렌 버핏이 운영하는 투자사인 '버크셔 해서웨이'가 관심을 갖고 있다. 매각 사업이 순조롭게 진행된다면 GE는 2003년부터 이익이 크게 향상될 것으로 기대한다. 재무 구조도 향상된다.

구조 조정 2 연구 기능을 강화한다

이멜트는 웰치식 경영 노선에서 선회, 다시 선진 기술 기업의 자리를 되찾고 새로운 매출 성장의 동력을 발굴한다는 계획이다. 사실 GE는 창업 이래 전구에서 각종 의료 장비, 항공 엔진에 이르기까지 전 세계 기술을 선도하는 기업으로 인식돼 왔다. 그러나 웰치 회장 시절 금융 사업 확대와 기존 사업 재정비에 치중, 기술 선도 업체로서의 이미지를 상실했다.

그러기 위해서는 연구 기능 강화가 필수다. 이멜트는 올 초 7,000명의 노동자를 해고하면서도 연구 인력은 오히려 늘렸다. 중국 상하이와 독일 뮌헨에는 각각 수백만 달러를 들여 기술 센터와 글로벌 리서치 센터를 새로 설립할 방침이다.

프루덴셜 증권의 애널리스트 니콜라스 헤이먼은 "웰치가 가시적인 제품으로 수많은 전쟁에서 승리를 거두었다면, 이멜트는 연구 개발을 무기로 부가가치 전쟁에서 승리를 도모하고 있다"고 분석한다.

분기별 보고도 2년 단위 보고로 바꿨다. 큰 그림을 그리기 위해서는 최소 2년의 시간은 필요하다는 계산이다. 이멜트 회장 자신도 연구소에 자주 들른다.

2002년 9월에는 뉴욕 피에르 호텔에서 애널리스트와 투자가들을 모아 놓고 기술 회의를 개최하기도 했다. 이 자리에서 GE 경영진은 분자 이미지, 풍력 에너지 등과 같은 신상품과 새로운 비즈니스를 내놓았다. 이멜트는 경기가 회복될 때까지 신기술과 신상품으로 주가를 보전하고 시장 점유율을 유지할 계획이다.

광고에도 변화를 줬다. 23년 만이다. GE는 1979년부터 "We bring Good Things to Life(GE는 삶에 좋은 것을 가져다 줍니다)"를 광고 슬로건으로 사용해 왔다. 그러나 이멜트 회장은 2003년 1월부터 "Imagination at Work(일하며 상상하기)"를 새로운 광고 슬로건으로 채택했다. 기술 업체로서의 기업 이미지를 부각시키기 위해서다. 광고비로 무려 1억 달러를 쏟아 부을 계획이다.

구조 조정 3   고부가가치 서비스 사업에 집중한다

이멜트는 마지막으로 부가가치가 높은 서비스 사업 비중을 높일 계획이다. 제트 엔진만 생산하는 것이 아니라 제트 엔진이 장착된 여객기를 판매하는 방식이다.

이멜트는 각 사업 부문 리더들에게는 기존 고객들에게 새로운 서비스 상품을 팔 수 있는지 궁리하라고 지시했다. 부실 사업 부문을 매각하고 연구 인력 보강으로 신기술을 선보이는 등 여러 조치에도 불구하고 이멜트가 멀어져 버린 투자자들의 마음을 되돌리기는 쉬워 보이지 않는다. 월가에서는 "GE는 돈버는 기계(GE캐피털)로 운영되는 재벌 기업"이라는 인식이 너무 강하게 퍼졌기 때문이다.

이멜트 회장이 GE의 신화를 계속해서 이어나갈 수 있을지가 주목된다.

GE 홈페이지(www.ge.com)를 방문하면 발명왕 토머스 에디슨의 모습을 볼 수 있다. 일반적으로 GE 하면 사람들은 잭 웰치를 먼저 생각한다. 하지만 오늘날의 GE를 있게 한 장본인은 에디슨이다.

에디슨은 자신이 발명한 전구를 상업화하기 위해 전기 회사를 1892년에 설립했는데 이것이 훗날 종합가전회사 GE의 전신이 되었다. 20세기 미국인들의 생활은 GE가 생산해 낸 가전 제품과 함께 했다고 해도 과언이 아니다. 1930년대 흑백 영화 속에 등장하는 가전 제품들은 대부분 GE 제품이다.

4부

실패로 끝난 기업 개선

무리한 점포 확장으로
브랜드 신뢰도 하락

갭(Gap)

갭은 1969년 도널드 피셔와 도리스 피셔가 샌프란시스코에서 리바이스의 프랜차이즈 매장으로 시작했다. 주요 취급 품목은 성인 남녀 의류, 캐주얼 의류, 남녀 어린이 의류, 유아 의류, 액세서리 등. 이후 갭(Gap), 갭키즈(Gap Kids), 베이비갭(Baby Gap), 바나나 리퍼블릭(Banana Republic), 올드네이비(Old Navy) 등을 인수하면서 인기 브랜드로 성장했다. 현재는 카탈로그 판매와 통신 판매를 겸하고 있다. 본사는 미국 캘리포니아 주 샌프란시스코에 있으며 2002년 매출액은 145억 달러였다. 현재 CEO는 폴 프레슬러다.

1990년대까지만 해도 갭은 세계 캐주얼 의류 시장을 쥐락펴락하는 대표 브랜드였다. 갭이 내거는 이미지는 중산층의 소박함과 평범함. 한마디로 갭은 의류 업계의 코카콜라를 지향했다. 언제 어디서나 누구나 쉽게 소비할 수 있는 제품을 만드는 것이다.

월가 분석가들은 갭을 경쟁 업체와 비교하지 않았다. 연매출 100억 달러를 넘는 경쟁 회사가 없을뿐만 아니라 갭은 의류 업체로는 드물게 '생필품 수준'의 브랜드로 성장했기 때문이다. 1969년 설립된 갭은 30년 만에 코카콜라, 질레트면도기 등과 어깨를 나란히 하는 미국의 대표적인 브랜드로 성장했다

그러나 21세기 들어 갭의 위상이 크게 떨어졌다. 점포당 매출액은 24개월 연속 전년도 같은 기간보다 떨어졌다. 최고 50달러에 이르던 주가는 14달러까지 폭락했다. 2001년 매출액은 138억 4,700만 달러로 2000년에 비해 1% 증가했지만 776만 달러 적자를 기록했다. 신용평가 기관 무디스와 S&P는 2002년 2월 갭의 신용 등급을 '투자 부적격'으로 조정했다.

브랜드 세분화로 세계적 브랜드로 성장

갭의 성장 비결은 우선 고객층에 따른 브랜드 다양화에 찾을 수 있다. 저가의 올드네이비, 중가의 갭, 고가의 바나나 리퍼블릭으로 세분화한 것이다. 같은 티셔츠라도 갭에서는 10달러, 올드네이비에서는 7달러, 바나나 리퍼블릭에서는 15달러로 차별화했다.

바나나 리퍼블릭은 원래 사파리 패션 전문점이었다. 1978년에 샌프란시스코에서 신문기자이었던 멜 지글러와 화가였던 파트리

시아 지글러 부부가 창업했다.

그들은 파트리시아가 그린 라틴 아메리카 풍경과 옷 그림에 멜이 쓴 카피가 인상적인 카탈로그를 발행했다. 그들이 만든 카탈로그는 당시의 일반적인 통판용 카탈로그와는 다른 대단한 매력을 지니고 있었다.

이 카탈로그에 갭의 사장인 도널드 피셔도 이끌렸다. 1983년 피셔는 경영이 어려워진 갭을 매수했다. 매수 후 피셔는 바나나 리퍼블릭의 자금과 경영을 담당했고 디자인과 스타일을 지글러 부부에게 맡겼다. 이렇게 해서 바나나 리퍼블릭은 맹렬한 기세로 출점하기 시작했다. 갭이 인수한 바나나 리퍼블릭은 이렇게 하여 정체 기미를 보이던 갭을 구제하게 되었다.

올드네이비는 갭의 슈퍼마켓 모델에 독특한 마케팅 전략이 합쳐진 곳. 1994년 문을 연 올드네이비는 갭 매장보다 저렴한 제품을 판매하는 할인 점포다. 올드네이비는 월마트, 시어스 등 할인 업체에서는 찾아볼 수 없는 전위적인 인테리어와 상품 진열, 화려한 디자인으로 승부수를 던졌다.

진열대는 슈퍼마켓 냉동식품 매장을 연상시켰고 티셔츠는 냉동식품처럼 만들었다. 놀라운 것은 제품 가격. 거의 전 품목이 30달러 이하의 초저가다. 그러면서 질도 나쁘지 않다.

올드네이비는 설립 3년 만에 300개 점포와 10억 달러 매출을 올리는 사업으로 급부상했고 미국 젊은층 사이에 할인점 쇼핑을 유행으로 만들 만큼 폭발적인 인기를 누렸다.

몰락 원인 1 무리한 점포 확장이 몰락의 시발점

잘 나가던 갭이 왜 이토록 몰락했을까.

원인은 갭이 점포 수를 무리하게 확장했고 브랜드를 과신해 고객 요구를 적절히 반영하지 못했다는 데 있다. 드렉슬러 사장 겸 최고경영자(CEO)는 코카콜라 실적 보고서를 읽다가 의류 업계의 코카콜라를 지향하는 갭의 시장에 포화 상태라는 것은 있을 수 없다는 확신을 갖게 됐다. 드렉슬러 사장은 점포 수를 줄여 나갈 것이라는 예상과는 달리 오히려 매장 늘리기에 나섰다.

대도시에 몰려 있던 매장을 소도시까지 확대했으며 근처에 갭 매장이 있어도 새로운 점포를 세웠다. 아동용 의류를 판매하는 갭 키즈와 목욕 용품 매장인 갭바디를 개설했으며 바나나 리퍼블릭을 대대적으로 새 단장했다.

리바이스 청바지가 백화점에서 판매되고 동네 상점에서도 팔리는 것과는 대조적으로 갭 제품은 독자적으로 마련된 매장이 아니면 구입할 수 없다. 매장 확보 전략은 판매망 제한을 통해 브랜드 이미지의 하락을 방지하기 위한 것이다. 복수 판매망을 이용하면 일시적인 매출 상승 효과는 거둘 수 있지만 가격 통제력을 상실해서 유통 업체가 헐값에 재고 처분하는 것을 막을 수 없다.

실제로 갭은 1997년부터 신규 대리점 수를 크게 확장해 왔다. 1997년부터 지난 5년 간 갭이 새로 개점한 대리점 수는 평균 463개. 1993~1996년까지 4년 평균 136개에 비해 3배 이상 증가한 수치다. 갭이 현재 전 세계에 개설한 매장은 약 3,740여 개. 미국에 2,548개, 영국, 캐나다, 프랑스, 독일, 일본 등 5개국에 385개 매장을 운영하고 있다.

1제곱피트당 매출액은 1999년 548달러에서 2000년 482달러, 2001년 394달러로 낮아졌지만 신규 점포수는 1999년 570개, 2000년 731개, 2001년 581개로 계속 늘어났다. 무디스의 제임슨 애널리스트는 "갭이 점포 확대를 통해 고객층을 확대하려다 실패했다"고 지적했다. UBS워버그의 애널리스트 리처드는 갭이 공격적으로 점포 수를 늘려 간 이유를 '브랜드에 대한 지나친 자신감'에서 찾고 있다.

몰락 원인 2 무리한 고객층 확대

과거 갭의 중심 고객은 전후 태어난 베이비붐 세대(1946~1965년생)들. 그러나 갭은 17~24세 사이의 Y세대로 고객층을 확대하려 했다. 고객층이 변하면 상품 구성도 달라지게 마련. 갭은 고객 확대를 위해 흰색과 검은색 위주의 셔츠와 진으로 불리는 '단순 노선'을 탈피, 다양한 제품을 한꺼번에 도입했다.

학생들을 겨냥한 캐주얼 복장을 선보였고 모자 달린 핑크색 스웨터, 체크 무늬 와이셔츠, 가죽 바지, 가죽 재킷 등 유행을 따라가는 상품들도 잇달아 나왔다. 하지만 여기서부터 고객들의 불만이

쌓이기 시작했다.

가죽 바지, 가죽 재킷 등 유행에 편승한 제품들은 일정 기간이 지나면 재고로 남는다. 이를 위해 갭은 점포 한 구석에 '세일 코너'를 설치해야 했다. 세일 판매가 계속되자 세 가지 브랜드 사이의 가격 차이가 사라졌다. 고객들은 갭의 세 가지 브랜드를 가격에 구애받지 않고 비교하기 시작했다.

고객들은 갭의 XL 사이즈와 올드네이비의 XL 사이즈가 서로 다르다는 점을 발견했다. 드렉슬러 사장은 "구매층이 서로 다르기 때문에 사이즈도 다를 수밖에 없다"고 설명했지만 이를 시정해야만 했다.

드렉슬러는 경쟁 업체들이 갭을 추격하고 있다는 사실을 간과했다. '아메리카 이글 아웃피터스'와 '아바쿠론비&피치'가 미국과 일본 시장에서 갭과 동일한 모델을 취급하고 있었다. UBS워버그의 애널리스트 리처드는 "이들 회사의 제품은 갭의 제품에 질적으

리바이스 vs 갭

리바이스의 프랜차이즈로 출발했던 갭의 창업자 도널드 피셔는 리바이스의 상품을 취급하면서 전체 상품을 리바이스만으로 하기에는 어딘가 부족하다는 느낌을 갖게 되었다. 이런 생각은 특히 여성복 상의에서 강했다.

피셔는 1974년 뉴욕의 여성복 업체를 방문, 그곳에 있던 상품 라인 가운데 자사 매장의 5%에 갭 브랜드를 붙였다. 이렇게 하여 매년 5%씩 갭 브랜드의 비율을 높여 가고 이것을 남성복과 아동복으로 확대했다. 어느 정도 매상이 예측되는 시점에 가서 처음으로 자기 회사 내에 디자이너와 패터너를 의류 업체에서 데려와 PB(Private Brand) 개발 부문을 설치했다.

전체 상품이 갭 브랜드로 된 것은 1991년이다. 실로 17년의 세월이 걸린 것이다. 그러나 시간이 걸렸던 만큼 착실하게 진행된 갭의 5% PB 확대 계획은 이후 미국 업태 전환과 PB 개발의 하나의 지침서로 자리 잡았다.

로 전혀 뒤떨어지지 않았다"고 지적했다. 결국 드렉슬러는 2002년 5월 사임했다.

독점 체제 유지할 수 있을까

MS(Microsoft Corporation)

빌 게이츠와 폴 앨런이 1975년 창업한 MS는 전 세계 대부분의 PC를 움직이는 시스템을 개발, 공급했다. 1980년대 초 IBM의 개인용 컴퓨터 PC가 대중의 폭발적인 인기를 얻으며, 그 운영 체제인 MS-DOS를 제작한 마이크로소프트도 급성장하기 시작하였다.

MS-DOS는 이전에 등장한 개인용 컴퓨터의 운영 체제보다 사용이 편리하고 배우기 쉽다는 점 때문에 초창기의 수많은 경쟁 업체들을 제압하고, 개인용 컴퓨터 운영 체제의 대명사가 되었다. 윈도 시리즈도 계속 성공을 거두어 창업자인 게이츠를 40대 초반에 세계 최대 갑부 중 한 사람으로 만들었다.

현재 마이크로소프트는 윈도 등 컴퓨터 운영 체제뿐만 아니라 마이크로소프트 오피스 등 종합 소프트웨어를 개발, 보급하고 있다. 2000년 매출은 229억 5,600만 달러며 본사는 미국 시애틀에 있다. 현재 CEO는 스티븐 발머.

'Microsoft(마이크로소프트, 이하 MS)'는 일개 소프트웨어 업체를 가리키는 고유명사 이상이다. 컴퓨터 운영 프로그램을 지칭하는 일반 명사에 가깝다. 어릴 때부터 컴퓨터를 접해 온 신세대들에겐 더욱 그렇다.

실제로 MS사는 윈도 시리즈를 이용해 컴퓨터 시장에 막강한 영향력을 행사했다. MS사는 독점적 지위를 이용해 유럽에서 자사 제품에서만 작동하는 윈도플레이어를 수년간 끼워 팔았다.

그러나 MS사라고 해서 좋은 날만 있는 것은 아니다. 미국 연방법원은 2002년 11월 초 MS사와 법무부 사이의 반독점 소송에 대한 합의안을 공식 승인했다. 이에 따라 MS사는 윈도 커뮤니케이션의 프로토콜 공개를 당초 합의보다 6개월 앞서 이행해야 한다. 합의안 이행 여부를 감시할 3인 위원회 구성 요건도 강화해야 한다.

유럽 상공위원회도 윈도플레이어 끼워 팔기에 소송을 제기했다. 선마이크로시스템스를 비롯해 AOL타임워너, 오라클 등은 유럽연합(EU)에 MS의 독점 행위를 수정해 달라고 정식 요청했다

독점으로 인한 항의 빗발쳐

인터넷 보급도 MS의 독점적 지위에 심각한 도전을 안겼다. 인터넷 표준 공개는 리눅스 보급에 일조했다. 리눅스는 무료로 소스를 공개한다. 아직까지 리눅스 보급은 MS 생존에 큰 위협은 아니지만 MS사가 시장 영역을 확보하는 데 방해가 됐다.

아프리카의 여러 국가들은 이미 리눅스를 컴퓨터의 작동 프로그램으로 채택했다. 더 걱정스러운 점은 각국 정부와 기업들이 리눅

스의 장점, 이를 테면 저비용, 안전, 유용성을 인식하기 시작했다는 점이다.

또한 인터넷 대란을 계기로 MS사 책임론이 확산됐고 세계 각국 정부가 윈도 운영 체제의 독점적인 지위를 막기 위해 리눅스와 오픈사 소스 소프트웨어 확산에 적극 나서고 있었다. MS로서는 사면초가인 셈이다. 일본, 남아프리카공화국, 독일 등이 오픈소스 소프트웨어 지지 의사를 표명했고 한국을 포함해 중국, 태국, 대만, 싱가포르 등은 태국에서 산학연 리눅스 전문가들이 대거 참여하는 오픈 소스 심포지엄을 개최했다.

빌 게이츠의 고민 1   PC 시장 포화 상태

MS사가 시장의 독점적 지배력을 강화하는 데 몇 가지 장애가 있다. 우선 개인용 컴퓨터의 운영 체계 시장의 한계를 극복해야 한다.

MS사에 가장 높은 수익을 가져다주는 부분은 단연 윈도를 비롯한 개인용 컴퓨터와 MS오피스, MS워드 등 업무용 소프트웨어 부문. 그러나 2002년부터 이어진 불황으로 PC 매출은 급격히 줄어들면서 이 부문 매출도 부진에 빠졌다.

현재 사용하는 컴퓨터는 1~2년 전과 큰 차이가 없다. 휴대용 컴퓨터나 개인용 휴대 단말기(PDA) 연 판매 대수는 고작 1,000만 대에 불과하다.

이를 잘 아는 MS사는 기업용 소프트웨어는 물론 휴대용 컴퓨터와 쌍방향 텔레비전, 게임기, 스마트 휴대폰 시장에도 뛰어들었다. MS사는 2002년 '오렌지 SPV'라는 스마트폰을 내놓으면서 시작했다. 겉으로 보면 다른 이동전화와 차이가 없다. 이 제품은 MS 컴퓨터 운영 체제인 '윈도'와 컬러 화면을 단 휴대용 컴퓨터에 가깝다.

그러나 각각의 사업은 현재 실패한 것으로 드러나고 있다. 소량 주문 생산 체제라 대량으로 휴대폰을 생산하는 기존 업체와의 가격 경쟁에서 절대적으로 불리하다. PC 시장에서 성공했듯 '윈도'의 독점적 지배력을 이용해 휴대폰 시장을 장악하려는 전략은 법적 제재로 더 이상은 어려울 듯 보인다.

영국 휴대폰 제조 업체 센도는 MS사의 휴대폰 소프트웨어 대신 자체 개발한 소프트웨어 컨소시엄 '심비안'을 채택해 MS사를 궁지에 빠뜨렸다.

노키아는 MS사가 아직은 적수가 아니라는 태도. MS사가 소프트웨어 시장에선 아무도 넘보지 못할 최대 강자라지만 이동전화 시장에서는 '아직 걸음마도 떼지 못한 어린아이'라고 코웃음친다.

게임 시장에서 MS사의 엑스박스는 소니의 플레이스테이션2 적수가 되지 못했다. 전 세계 19개국에서 동시에 테블릿 PC를 선보였지만 반응은 아직 시큰둥하다.

빌 게이츠의 고민 2 보안 불안에 대한 신뢰 회복이 우선

무엇보다 MS사는 시장에서의 신뢰를 회복해야 한다. 2003년 1월 25일 발생한 인터넷 대란도 결국 MS사의 SQL2000 서버 프로그램의 보안상 허점 때문이었다. 전문가들은 MS사 소프트웨어의 폐쇄적인 소스 코드에 근본적인 문제가 있다고 지적한다.

　MS사 고객들은 한 주가 멀다고 제품의 안전 결함 문제를 제기
한다. 고객들은 정보 유출을 우려해 MS사의 프로그램 사용을 주
저하고 있는 입장이다. 이 때문에 MS사는 마이서비스라는 정보
저장 프로그램을 포기해야 했다. MS사의 구조 개혁이 그다지 쉽
지 않아 보인다.

무리함이 화를 불렀다

비벤디유니버설(Vivendi Universal)

비벤디그룹은 1983년 프랑스 소규모 환경 기업 제너랄드조(비벤디워터의 전신)를 시작으로 세계적인 환경 그룹으로 성장했다. 비벤디그룹은 2000년 시그램-유니버설그룹을 인수한 뒤 '비벤디유니버설'이 라는 이름으로 다시 태어났다.

비벤디유니버설은 환경과 통신 미디어 사업이 양대 주축 사업이다. 환경 기업인 비벤디인바이런먼트 내에는 비벤디워터(물 처리), 달키아(에너지), 오닉스(폐기물 관리), 코넥스(수송)이 있다. 통신미디어그룹에는 시게텔(정보 통신), 하바스(출판, 미디어), 유니버설레코드(음반), 유니버설스튜디오(영화)로 나뉜다.

"숨가쁘게 미국을 사들인다."

한 해외 경제 주간지는 미국 미디어 시장을 공략하는 장 마리 메시에 비벤디유니버설 회장(47)의 모습을 이렇게 묘사했다.

그는 2002년 초만 해도 취임 뒤 불과 5년 만에 에너지, 건설, 부동산 등에 산만하게 퍼져 있던 비벤디그룹의 사업 구조를 정보화 시대에 걸맞은 통신, 방송으로 성공적으로 재편했다는 평가를 받았다.

이런 이유로 '메시에 회장의 마구잡이식 쇼핑벽이 결실을 거뒀다'고 평가했다.

『파이낸셜타임스』도 "148년 전통을 지닌 프랑스 수질 관리 업체 비벤디의 모습은 더 이상 찾아보기 어렵다"며 "은행원 출신인 그가 비벤디그룹을 세계 최강의 미디어 제국으로 탈바꿈시키고 있다"고 보도했다.

메시에 회장은 타임과 CNN이 선정한 '2001년 세계에서 가장 영향력 있는 CEO' 가운데 12위에 오르기도 했다.

미디어 제국을 꿈꾸다

일단 그가 어떻게 사업을 확장시켰나 살펴보자. 첫걸음은 미 유니버설스튜디오 인수다. 2000년 유니버설스튜디오의 모기업인 캐나다 시그램을 340억 달러에 사들인 뒤, 자사의 유럽 최대 유료 TV인 카날플러스와 합쳐 비벤디유니버설을 만들었다.

그 뒤 2002년 미국 위성 TV 회사 에코스타에를 15억 달러에 지분 10%를 인수한 데 이어, USA네트웍스 오락 사업 부문을 103

억 달러에 사들이기에 이르렀다(케이블 채널과 영화 TV 프로덕션 사업을 벌이는 USA네트웍스는 8,500만 명 시청자를 확보한 미국 최대 미디어 그룹 가운데 하나다).

그는 유니버설스튜디오의 테마파크와 영화 스튜디오 부문과 USA네트웍스의 케이블 채널, TV 프로덕션 부문을 합쳐 새로운 영화TV 업체 '비벤디유니버설 엔터테인먼트'를 만들려는 꿈을 펼쳤다(이 밖에도 그는 미국 2위 위성TV 업체인 에코스타 지분을 인수하고 인터넷 음악 서비스 업체 MP3닷컴까지 사들였다).

이처럼 그는 미디어 제국을 꿈꿨다. 기업체마다 불황으로 군살을 빼는 데 주력하고 있을 때 너무나도 공격적인 경영을 펼친 것이다.

언론 재벌, 그의 꿈이 이뤄졌을까. 결과는 '아니오'다. 그는 2002년 7월 회장 자리에서 물러났다. 불과 1년 만에 천당에서 지옥으로 바뀐 것이다.

분에 넘치는 인수 합병으로 부채만 남아

결론부터 말하면 그의 무리한 공격 경영이 화근이 됐다. 물론 방향은 옳았다. 에너지, 건설, 부동산 등으로 확장돼 있던 문어발식 사업 구조를 21세기 정보화 시대에 걸맞게 통신, 방송, 수질 관리로 재편했다는 점에서는 높이 평가받는다.

하지만 자신의 사업 능력을 무시한 지나친 투자였다는 얘기다.

언론 그룹으로 변신하는 과정에서 그는 170억 유로에 달하는 막대한 부채를 안게 됐다. 메시에는 채무 상환을 위해 모기업인 수도 회사 지분 가운데 약 20억 유로 상당을 매각키로 결정했다. 하지만 떨어진 주가는 오르지 않았고 사임 압력을 받고 물러나게 된 것이다.

'헐리우드에 프랑스의 깃발을 세운 기업'이라는 인기도 물거품처럼 사라졌다(비벤디가 유니버설을 인수할 무렵 그가 낸 『나는 세상을 지배한다』라는 제목의 자서전은 베스트셀러에 오르기도 했다).

게다가 허위 회계 정보를 공표해 투자자들을 현혹시켰다는 혐의로 검찰로부터 수사까지 받는 처지가 됐다. 그룹 해체로 비벤디 주가가 폭락하자 프랑스와 미국 투자자들이 비벤디가 주가를 올리기 위해 허위로 재정과 영업 정보를 흘렸다며 제소했다.

이사회의 결의에 의해 메시에의 뒤를 이어 취임한 장 르네 포르투현 회장은 자산 매각을 통해 160억 유로를 조달해 부채를 줄일 예정이다.

파산에 이를 수밖에 없었던 이유는 이기심?

유나이티항공 (United AirLine)

1903년 세워진 유나이티드항공은 직원 8만 4,000명에 하루 1,800편을 취항했다. 아메리칸항공에 이어 세계 2위였다. 자산 규모는 240억 달러. 그러나 미국 호황기 때 급료 과다 인상과 항공기 과다 도입 등 방만한 경영으로 어려움을 겪기 시작했다. 2001년 뉴욕 테러 사건으로 경영 악화가 심화됐다. 유나이티드항공 주식의 55%를 노조가 보유하고 있다. 본사는 미국 시카고에 있다.

미국에서 추수감사절은 최대 명절 가운데 하나다. 가족에게 줄 선물 사느라, 풍성한 저녁 만찬 준비하느라 씀씀이도 커진다. 미국 백화점과 할인점도 최대 호황을 맞는다.

세계 최대 체인점 소매 업체인 월마트는 2002년 추수감사절 다음날 하루 동안만 14억 3,000만 달러 어치를 팔았다. 단일 판매 금액으로는 사상 최고치다.

한국에서 설이나 추석 때 볼 수 있는 인구 대이동도 벌어진다. 고향으로 이동할 때 비행기를 주로 이용하는 미국이라, 추수감사절은 항공사에게 분명 호재다.

그러나 2002년에는 예상보다 이동량이 저조했다. 3년 전보다 요금은 18%나 내렸건만 승객은 오히려 15%가 줄었다. 어림잡아 2001년보다 90억 달러 이상은 매출이 줄어들 전망이다. 역시 2001년 발생한 9·11 뉴욕 테러가 화근이다. 비행기 여행을 두려워할 뿐 아니라 불경기마저 이어져 고향 방문을 포기한 미국인이 많다. 공항 검문 검색으로 인한 불편함도 승객을 잃어버린 이유다.

어느 항공사보다도 유나이티드항공에게 있어 2002년 추수감사절은 아주 괴로운 시간일 뿐이었다. 테러 이후 심각한 경영 위기를 맞았고 9억 2,000만 달러 부채를 갚지 못해 부도에 이르고 말았다. 세계 2위 항공사 유나이티드항공은 2002년 12월 연방파산법원에 파산보호 신청을 했다(파산보호 신청을 해도 바로 운항이 중단되지는 않는다).

유나이티드항공은 말 그대로 '돈 먹는 하마' 였다. 2001년 21억 달러 손실을 기록했다. 2002년 3/4분기까지 17억 4,000만 달러

적자가 났고, 2002년 전체적으로 23억 달러 적자가 났다. 하루에 700만 달러, 우리 나라 돈으로 환산하면 100억 원 가까이 까먹고 있는 셈이다.

터무니없이 높은 임금이 문제였다

유나이티드항공이 이 지경에 이른 데는 물론 테러 여파가 크다. 그러나 한 경제 주간지는 "유나이티드항공의 부실은 오래전부터 예고됐다"고 지적한다. 테러가 일어나기 전부터 공급 과잉 상태였다는 분석이다.

게다가 임금은 터무니없이 높았다는 비판도 높다. 예를 들어 보자. 한 달 80시간 근무에 월급은 30만 달러(약 3억 6,000만 원). 하루에 8시간 일한다고 따져 보면 한 달에 일하는 날은 모두 10일. 하루에 3,600만 원을 버는 셈이다. 조종사 월급치고는 지나치게 많다. 특히 정비공이 도마에 올랐다. 회사는 어려운데 파업을 일삼으면서 업계에서 가장 높은 임금 수준으로 올려놓았다는 것이다.

유나이티드항공은 노조 입김이 세다. 종업원은 모두 8만 5,000명으로 1994년에는 임금 삭감을 받아들이는 대신 회사 지분 55%를 얻어 종업원지주제를 도입했다. 3명의 이사를 선임하는 등 경영에도 깊숙이 관여해 왔다. 글렌 틸톤 쉐브론텍사코 부회장을 신임 사장으로 영입한 데도 노조 입김이 작용했다.

석유 업계에서 잔뼈가 굵은 글렌 틸톤 사장은 최근 추락하는 유나이티드항공 기수를 잡았다. 그는 강도 높은 구조 조정안을 내놓았다. 직원 9,000명을 추가로 감원하고 하루 1,800회인 항공 운항 노선을 6% 줄이겠다는 내용이다. 이에 따라 틸톤은 "앞으로 항공기 49대를 퇴역시키고 오는 2005년까지 항공기를 신규 주문하지 않겠다"고 밝혔다. 지난 7년간 연평균 24억 달러에 달했던 투자 규모를 내년에는 4억 5,000만 달러로, 2004년에는 4억 달러로 대폭 줄인다.

노조의 임금 삭감안 반발이 결국 파산 초래

그러나 문제는 다른 곳에 있다. 노조가 회사 측 비용 절감안을 승인해 줘야 일이 원활하다. 일단 승무원은 고통을 감내하기로 했다. 비행 노조 대변인 돈 딕스는 승무원 87%가 회사안에 찬성표를 던졌다고 밝혔다. 이에 따라 2만 4,000명 비행 승무원들은 4억 1,200만 달러 임금 삭감을 감수하기로 했다.

그러나 정비공 노조가 6억 달러 임금 삭감안에 반발하는 통에 비용 절감안은 끝내 통과하지 못했고, 마침 미 법원의 결정에 따라 파산에 이르렀다(미 연방소송안전위원회가 연방 대출 보증을 거부한 것도 정비공 노조 때문이라고 전해진다). 고임금을 즐겼던 직원들이 희생해야 할 차례가 돌아온 것이다.

파산보호 신청을 한 뒤 살아남을 수 있을지 회의적인 시각이 많다. 지금까지 파산보호 신청을 가장 많이 한 업종은 바로 항공 산업이다(유나이티드항공은 11번째 신청 기업이다).

TWA는 1992년 세 번 파산보호 신청을 한 뒤 2001년 사업을 접었다. 파산보호 신청 9개 항공 관련 기업 가운데 2개만 회생에 성공했다. 2개 가운데 하나인 아메리카웨스트는 연방정부 지원 아래 근근히 버텨 가고 있다.

지금 유나이티드항공은 마지막 희망의 불꽃을 지피고 있다. 미 일리노이 주 파산 법원은 유나이티드항공 국제정비사협회 소속 정비사들에게 한시적으로 임금 삭감 명령을 내렸고, 현재 진행 중이다. 다른 직종 노조도 임금 삭감 조치를 진행 중이다. 이 조치로 인건비는 매달 7,000만 달러가 줄어든다.

허리띠를 졸라매는 데서 다시 시작하지 않으면 유나이티드항공의 비상은 꿈꾸기 어려운 처지에 들어선 것이다.

지적 겸손과 젊은 열정의 절묘한 조화

조 영 권
매경이코노미 편집부장

참 그들에겐 공통점이 많습니다. 우선 부지런합니다. 그 어렵다는 기자 시험을 통과하고도 그들은 한번도 책을 손에서 놓지 않았습니다. 적어도 옆에서 눈을 치켜 뜨고 지켜본 저에게 있어 그들은 단순한 기자 또는 직장인으로 보인 적이 없습니다. 언제나 공부하는 학생이었습니다.

참 겸손했습니다. 하기야 새내기 기자들이 알면 얼마나 알겠습니까만 그래도 그들은 최대한 몸을 낮추고 자신을 단련하는 데 게으름을 피우지 않았습니다. 최고의 경제 기자가 되기 위해 소문 내지 않고 묵묵히 공부하는 모습이 참 아름다웠습니다.

명순영 기자는 생긴 것과 일하는 모습이 180도 다른 전형적인 외유내강형입니다. 둥글둥글, 살면서 화 한 번 낼 것 같지 않은 부드러운 남자입니다. 실제 명 기자와 3년 동안 생활하면서 화내는 모습을 본 적이 없습니다. 그런데 송곳입니다. 기사에선 살의가 번뜩입니다. 물론 그것은 모든 명분과 합리성을 다 갖춘 살의입니다.

정대용 기자는 부드럽고 잘생긴 얼굴과는 달리 박력과 추진력에선 그 누구도 따라갈 수 없습니다. 부드럽게 웃으면서 쳐들어가는

데 누가 당해낼 수 있겠습니까. 그 같은 자신감은 깊은 신앙심에서 우러나온 것 같습니다. 정 기자가 바르게 살려고 노력하는 모습을 보면 한참이나 선배인 저도 때론 숙연해지곤 합니다.

정선욱 씨. 한때 기자였다가 지금은 전업 학생인 그는 아무도 미워할 수 없는 사람입니다. 무엇 하나 빠진 게 없지만 항상 무언가 부족한 것 같아 그를 사랑할 수밖에 없습니다. 그러나 그는 무섭습니다. 겉모습과는 달리 꿈을 향해 물불 가리지 않고 달려드는 저돌성을 가슴 깊이 숨겨 놓고 있습니다.

이들이 뭉쳐서 일을 냈습니다. 입사 동기인 이들은 처음부터 국제 경제 문제에 관심이 많았고 관련 기사를 많이 써왔습니다. 덕분에 매경이코노미 지면이 빛나게 되었지요. 이들 3명은 지구촌 기업 이야기를 지적 겸손과 젊은 열정, 절묘한 팀웍으로 2년 가까이 이끌어왔습니다. 바로 이 책이 그 결실입니다.

필자 3명은 제 까마득한 후배들이지만 한편으론 제가 존경하기도 합니다. 책을 기획하는 단계부터 제가 소개글을 쓰기로 했는데 그 약속을 서로 지키게 되어 기쁜 마음 감출 수가 없습니다. 독자 여러분께도 자신 있게 말씀드릴 수 있습니다. 젊은 기자 3명이 이뤄낸 조그만 성과가 이 땅의 기업 발전에 벽돌 한 장 이상의 역할을 할 수 있을 것이라고 말입니다.

세계 유명 기업들의 경영혁신 사례 45

위기를 기회로 바꿔라

초판 1쇄 | 2003년 4월 10일
   2쇄 | 2003년 4월 30일

지은이 | 매경이코노미 글로벌비즈니스팀
펴낸이 | 장대환
펴낸곳 | 매일경제신문사
출판등록 | 1968년 2월 13일(No.2-161)

주소 | 100-728 서울 중구 필동1가 30번지
전화 | 2000-2611(출판)
   2000-2645(출판영업)
팩스 | 2000-2609
이메일 | publish@mk.co.kr

값 12,000원
ISBN 89-7442-255-7